笔尖上的花朵

欧阳雪瑛 著

吉林人民出版社

图书在版编目（CIP）数据

笔尖上的花朵／欧阳雪瑛著. -- 长春：吉林人民

出版社，2024.7. -- ISBN 978-7-206-21323-6

Ⅰ.G4-53

中国国家版本馆 CIP 数据核字第 20240HX745 号

笔尖上的花朵

BIJIAN SHANG DE HUADUO

著　　者：欧阳雪瑛

责任编辑：孙　一

出版发行：吉林人民出版社（长春市人民大街 7548 号　邮政编码：130022）

印　　刷：四川科德彩色数码科技有限公司

开　　本：880mm×1230mm　1/32

印　　张：7.625　　　　　　　字　　数：180 千字

标准书号：ISBN 978-7-206-21323-6

版　　次：2024 年 7 月第 1 版　　　印　　次：2024 年 7 月第 1 次印刷

定　　价：58.00 元

杏坛擎灯人

陈荣华

几位老友不常见面，见面便问孩子的出息，每每羞于应答。沾后辈的光，不敢作如斯想。这回，确确实实沾了一回，源于七中的子弟，源于欧阳雪瑛的专著。

当宜章县第八完全小学范向梅书记向我推荐欧阳雪瑛的时候，我便接下了任务，自然没有多想。不到三年，我推出了九本专著，也许习惯成自然。待读完"后记"，模糊的印象才日渐清晰起来，原来如此——她是欧阳喜忠的女儿。我参加工作的第一站正是宜章县第七中学（以下简称"七中"）。瑛子、瑛子，这名字我是叫过的。那时节，她十二三岁，扎着两条"羊尾巴"。弹指一挥间，我离开七中 36 年了，而这丫头脱颖而出，成为名师，我称其为"杏坛擎灯人"。这是经过了一番斟酌的，准确地说，进行了一番考究。

一

欧阳雪瑛是有故事的人。《忠诚教育事业，用爱与智慧点亮学生成长之路》，这文章，业内的老师都做了，只是没有她做得大，没有她做得厚重。"让每一个学生都闪光""让爱洒向每个学生"，不就是"一切为了孩子，为了孩子的一切"吗？"她从不落下一个孩子！"不单老师这么说，不单家长这么说，不单学校领导这么说，连《郴州日报》全媒体记者采访之后也为她竖起了大拇指。

"放心，我在落实！"是承诺，也是写真。的确，欧阳雪瑛"平时是教师，危难时是战士"，此其一。其二，她"既是指挥员，又是战斗员"。马不停蹄地家访，她用言谈举止、亲切微笑凝结出一个个动人心弦的故事，感动了老师，感动了孩子，也感动了家长，真可谓大爱无疆。

二

当老师的，没有豪言，没有壮语，有的是默默付出，付出时间，付出精力，付出青春，付出智慧，也付出无私的爱。

"我的孩子！"与老师交流的时候，与家长沟通的时候，向领导汇报的时候，欧阳雪瑛从不把"学生"挂在嘴边，脱口而出的总是"我的孩子"。

"欧阳老师，就在刚才，我和女儿吵了一大架……"时针指向 11 点 40，突然接到家长的"告状"电话。欧阳雪瑛请家长叙述经过。

"孩子不听话，双休日一天到晚看电视，说也说不得，说她一句，顶三句！"稍停，又补上一句，"现在的孩子真叛逆！"

"我们的孩子不叛逆！你是不是仍旧用二十年前你父母教育你的那一套管理孩子？如果是这样的话，我不得不说，叛逆的不是我们的孩子，应该是你们家长……"她进一步与家长沟通，告诉家长，家是讲情的地方，不是讲理的地方，要多看孩子的优点呢。"一个善于找优点的家庭，永远充满正能量!""家是讲情的地方，不是讲理的地方。"她的学生，她的家长，都记住了这句充满智慧的箴言。

"请相信，我能行!"这不是宣言，胜过宣言。她管理班级的时候，管理学校的时候，向学生、向老师灌输最多的，正是这句话。欧阳雪瑛说，做人要有底气，要相信自己——我能行! 只有信心足了，才想做，敢做，善做。

有人说欧阳雪瑛是艺术家，她擅长精雕细琢。这话一语中的。"有礼""有趣""有据""有数""有度"，这五有，不仅仅是《浅谈班主任的谈话艺术》，于语文教学，于日常生活，于学校德育工作，窥一斑而见全豹。

三

欧阳雪瑛是有思想、有智慧、有高度、有个性的语文老师，唯其思想、智慧、高度和个性，才能凝成教师的个人风格。"我是这样学课文的。""我是这样写作文的。"欧阳雪瑛不仅言传，而且身教。做教师的，不能只当搬运工，而要有自己的"独门绝技"，把方法交给学生，正所谓"授之以渔"。"我们不能总抱着孩子走，我们不能总背着孩子走，我们也不能总牵着孩子走，他们有自己的脚，他们应该走自己的路。"

欧阳雪瑛历来主张先学后教。当学生拥有一定自学能力之后，她便放手让学生先行先试，这一理念在"导学卡"里有所体现，在教学反思里有所佐证。学生终归是要自己走路的，他们都有毕业的那一天，在学校，只不过完成了万里长征的第一步，他们一旦掌握了"以己变应万变"的法宝，走上社会之后，就能游刃有余，就能轻易解决各类"疑难杂症"。

四

老师们一生都在写自己的书，有的浅薄，有的厚重；有的稚嫩，有的老到；有的通俗，有的经典。欧阳雪瑛写出了与众不同的华章，字字句句都凝铸着她的心血和智慧。《小学低年级作文坡度练笔浅谈》，重心全落在"坡"上，越爬越高，佐证了"无限风光在险峰"。杨初春大师的弟子遍天下，那话不假，欧阳雪瑛就是千千万万中的一位。《小学实施快速作文教学的做法》，阐述了"实施的内容与要求""方法与措施""打算"，不仅有自己独到的见解，而且有另辟蹊径的做法，真是有过之而无不及。令人眼前一亮的是《"快乐读书吧"推进整本书阅读教学策略浅谈》，小学生阅读整本书，还要快乐着，确实不易。欧阳雪瑛立足于"横向迁移，策略更具体""纵向叠加，方法更多元"，专攻图表，做大阅读文章。具体地说，用提取型图表，助力内容梳理；用探究型图表，推动阅读前行；用联结型图表，拓宽阅读边界；用创编型图表，点燃智慧火花。表表有内涵，表表有特色，有利于学生养成读书习惯，有利于推动永久性阅读。当然，远远不止这些，最令人提神的是"看一看，丰富阅读知识""讲一讲，拓宽阅读视角""演一演，深化阅读体验"，学生从上到下，从内到外，身心都动了起来，把"快乐读书吧"真正落实到了阅读的全方位。

最令人折服的是"一对一，点对点"送教上门，把《语文低学段阅读教学如何体现时效性》论得既精辟又透彻，说入木三分一点也不夸张。三十多年的精耕细作，犁一道，耙一道，道道有心得，道道有感悟，道道有叹为观止的诗情画意……

五

一个专家型教师，不仅要上好课，还要会带徒弟。要知道，徒弟是师傅教育教学生命的延续。我把师傅分成三个境界：像师傅、是师傅、真师傅，限于篇幅，在此不再展开。我要强调的是，真师傅是最高的境界，从这个意义上说来，"青蓝工程"是一个长期而艰巨的课题，也是一项非常有意义、非常光荣的工作。欧阳雪瑛在这个方面有自己成功的经验，有自己的建树。

是的，她致力于《培育英才 薪火相传》，她带实习生，带新进教师，师徒结对，一心扑进"传帮带"，不断磨课，不断指点，不断拓展，便有了自强，便有了反思，便有了成长。欧阳雪瑛不止一次告诫徒弟："永远没有成熟的老师，只有不断成长的老师。"真可谓"六十六，学不足"。

有出息的徒弟是她一生的骄傲。欧阳雪瑛一聊起徒弟，就笑容满面："曹学鹏、肖红、邓丽娇、欧阳珍珍……"太多了，太多了，有的走上了领导岗位，有的成了教学骨干。当徒弟们听到欧阳雪瑛要出专著的消息后，善于感恩的众多徒弟锦上添花，纷纷发来回忆性散文。限于篇幅，专著只收录了《师者如光，向阳而行》《因你而行，行稳致远》《杏坛莞尔，生生不息》等篇，以点带面，算是对师徒结对的一个小结，同时也珍藏那段日子的自强、反思与成长……

刚要搁笔的时候，手机响了起来。"还挤得进吗？陈老师，我既是您的学生，也是欧阳老师的学生，卖我个人情，让《欧阳雪瑛其人其事》有幸面世……"这孩子连自报家门都没学会，这份迟来的"感恩"只能日后放进《欧阳雪瑛外传》里去。我要强调的是，无论是教书的欧阳雪瑛，无论是带班的欧阳雪瑛，无论是师徒结对的欧阳雪瑛，还是以副校长身份从事学校德育工作的欧阳雪瑛，她身上散发的都是知识之光、智慧之光、创新之光、信念之光。这光，永远照亮孩子们前行的路。

是为序。

目录
CONTENTS

综 合 篇

附录　擅言会悟

事

迹

篇

Chapter 01

一切为了孩子，为了孩子的一切

时针已经指向 13∶30，寝室里传出了呼呼的打鼾声。桂花树下，依然站着三个身影，小女孩在不断地哭泣："欧阳老师，你再给我一次机会吧！真的！我一定会改的！你不是看到了我的进步吗？我知道，我一直很差，从来没有同学肯帮助我，老师也看不起我。自从您接这个班半个学期来，处处鼓励我，找我谈心，您是我遇到的最好的一个老师……"孩子妈妈的眼圈也红红的，眼里流露出无限的感激："真的，欧阳老师，我知道我的女儿有很多坏习惯，在原来的学校，她养成了偷钱、骂人、打架的陋习，两年来也一直未改，我们都对她失去了信心。孩子犯了错误，从来没有一个老师像您这样耐心地教育她，让她无论在学习上，还是在习惯上改变这么大，简直像换了一个人。我也从来没有遇到过像您这样尊重我们家长的老师。每次孩子犯错，我们大人也跟着被训，简直无地自容……真的，谢谢您，欧阳老师！谢谢您对孩子的不放弃！"听着母女的话，站在一旁的我欣慰地笑了。

我是谁？我就是宜章县教师进修学校附属实验小学教师——欧阳雪瑛。我从事教育工作十六载，历任班主任（16 年）、教导干事、办公室干事、政教主任，工作兢兢业业，多次被县人民政府授予嘉奖，尤其是 1996 年、1997 年、1998 年连获三年嘉奖，2005 年、2006 年又连获两年嘉奖，还多次被评为"优秀班主任""工会积极分子"。我的《小学快速作文实施法》在县教研教改成果研讨会中被作为经验介绍，在全县的研讨现场会中，我所上的快速作文示范课赢得了一致的好评。发表和获奖的论文有 20 余篇。我还多次获县作文指导奖、科技制作奖。尤其在 2005 年，我身挑四副重担：既抓政教工作，又担当了六年级班主任，还兼了语文、思想品德教学。在这届毕业会考中，有 8 人考取养正中学，吴承蒙、彭俊丹分别考取全县第一、二名，有 10 人考取八中。我在政教工作中认真负责。2023 年，我还获得了市"反邪教活动积极分子"的光荣称号，我所在的学校被评为"安全工作"先进单位。

16 年来，我始终这样默默无私地奉献着，再苦再累，也在所不惜。在这平凡的岗位上，我为学生创设了一个轻松、快乐的育人环境，全面地推进了素质教育，培育了一批又一批的新人。

一、服从安排，舍"小家"为"大家"

说起欧阳老师，大家都说是里里外外的一把好手。2005 年一身兼四职，我毫无怨言，而且做一样像一样。很多人都跟我说："主任，你的班主任工作该卸了吧？"也有的人说："她做班主任工作么出色，不当班主任真是学校的一大损失。"可是，人的精力毕竟是有限的，我的担子实在太重了，白发逐渐冒出来，双眼布满血丝，我的班主任担子早就该卸了。可是，面对六年级五班的脏、乱、差，学生的调皮好动，综合科老师一听说到他们班上课就皱眉，再加上部分家长要求高，过于挑剔，难以交流，喜欢闹事，在分工安排时，一直找不到合适的人选。甚至有老师说："只要不教五班，让我带哪个班、哪个年级都行。"无奈中，季校长说："只有欧阳老师是五班的班主任最佳的人选，她最善于与家长交流了。可是，她又确实太累了。"杨主任也说："非她莫属，否则，其他人都驾驭不了那些学生。"要知道，我的女儿也在这个班，虽然成绩比较优异，但是比较有个性。我从来没想过要接这个班。我说："今年我也自私一回吧！要不，小孩连吃饭的地方都没有。只要今年不接毕业班，以后年年接都没关系。"可是，考虑到这个班的特殊性，邱校长说："你今年无论如何也要接这个班，以后不接毕业班都行。"学校又把这个重任交给了我。为了学生，为了学校，我只得牺牲自己的利益，又再次挑起了重担。大家都说，欧阳老师真是舍"小家"为"大家"的榜样啊！

二、忘我工作，铸造高尚师德

我始终坚持以高标准严格要求自己。工作以来，我连续多年担任毕业班的教学和教育工作。2005 年，因劳累过度，有段时间总觉得头昏昏的，记忆力急剧下降，还伴有失眠症。有一次，在课堂上突然大汗淋淋，头昏眼花，眼前一片漆黑，好在及时地趴在了讲台上，休息了一会儿，又硬坚持给学生上课。为了学生，十几年如一日，我从未缺过一次课，从未迟到过一次。

2000 年，我的母亲得了重病，在宜章人民医院整整住了 18 天，可是，我没有耽误过一次课。白天上课，放学后又是买菜，又是煮饭，照顾了小孩，还要直奔医院送饭、护理老人家。可是，母亲的病仍不见好转，依然是吃什么吐什么，我急得团团转，果断地转院……直到母亲康复，我也从没有落下过一节课。领导、老师都被我的敬业精神深深地感动了。

周围的人常说："欧阳老师人品好、口碑好。面对同事，她宽容大度，讲团结。同事病了，她嘘寒问暖；教学遇到困难时，她言传身教，毫不保留；谁有困难，她就主动帮助谁。在各种捐资活动中，她总是走在大家的前面。"的确，这些年来，我资助学生的费用就有近千元。2005年6月的一天晚上，我听到了敲门声，赶紧打开门看，原来，1998届毕业生胡辉和她的妈妈前来感恩，因为胡辉的爸爸不幸早逝，我一直帮助他、鼓励他，让他顺利地考取了养正中学。可是一个母亲带着两个孩子多么艰难啊！孩子考上大学，却因未交清2000多元学费，学校不肯给他填表，万般无奈下，想到了六年前一直帮助他的欧阳老师。我爽快地借给他1000元，然后再资助他200元，班上通过捐款再次资助他200元。

三、关爱学生，滋润每个孩子

（一）细心加爱心，促进学生身心健康发展

我在学生面前，好比是一把言行一致的标尺、一面表里一致的透镜。无数个早晨，我迎着朝霞和曙光走进校园，和学生交谈；无数个夜晚，我带着欣慰和倦意回家。看着已睡的孩子，看着忙里忙外的丈夫，我只有歉意，只有用温存的话去回报家人。因为"一切为了学生"是我育人的准则。

1999年，我调入附小后，工作更忙了。附小是一所新办的学校，要创出学校的品牌，创业的艰难可想而知。要知道，家长的期望值很高，整个宜章都拭目以待。为了全面了解每一个学生，我坚持做好家访工作。每个学期，我坚持在每个学生家里走访一次。学生不舒服的时候，我主动关心，深夜还打电话询问；学生回家晚了，我亲自送他们回家；学生有心事的时候，我便与他们促膝谈心，细心地听取他们的心声，给予耐心、细致的指导。这一切，使学生感受到了老师慈母般的呵护，家长感受到了孩子遇到一个好班主任的幸运。可我自己的孩子，却经常独自一个人在家，她还是个只有几岁的孩子啊！

（二）因材施教，赏识每一个学生

我教书育人，以德育人。我注意对不同类型、不同年龄和不同个性特点的学生有针对性地进行教育，培养学生自理和自我教育的能力。在班级管理中，我特别注重挖掘学生的潜力，塑造学生的性格。

这次接的五班，学生的纪律性差。有的同学只要听到别人的指责，就会勃然大怒，甚至背着书包就离开教室。通过半年的教育，孩子们在性格的塑造上发生了质的变化，他们能够做到虚心接受别人的意见，认真地分析对错，有了一定的自我教育能力。他们学会了谦让，学会了团结同学。特别值得一提的是，朱沐丰同学因为多次与同学发生小摩擦而顺手折断笔一丢，也多次因为老师的批评而甩手背着书包就离开。我了解到学生的情况之后，多次与他谈心，他很快地接纳了新老师。记得那是第二周，基础训练手册姗姗来迟，还差三本，怎么办呢？数学老师最终决定不发给三个成绩最好的学生，其中就包括朱沐丰和我的女儿。即使基础训练手册迟到十天半月，他们一下子就可以做完，根本不会受到影响。可是，朱沐丰望着别人手上的基础训练手册，趴在桌上委屈地大哭起来。王老师再三解释也充耳不闻。我得知后，马上对学生说："你们看，数学基础训练手册少了三本，朱沐丰、熊婧文、许明煜同学呀，不仅成绩最好，而且他们的思想也最好，熊婧文还是欧阳老师的女儿呢，他们三个能够把书让给你们，多么高尚啊！让我们以热烈的掌声感谢他们吧！学校也在尽力地找书，过几天就能送到你们手中了。"掌声响起来，朱沐丰笑了，熊婧文和许明煜也笑了。

四、敢于创新，做学校主人

"校兴我荣，校衰我耻。"这是我常说的一句话。我爱校如家，勤勤恳恳地工作，大公无私地奉献，经常为学校的发展献计献策。

附小的家长，对子女的期望值高，对老师的要求也高。有时一些家长还为一点小事来校挑衅，闹得学校工作有些被动。我找到校长说："家长是我们的上帝，我们必须尊重他们，但是不能百依百顺，我们应该有自己的原则。"我提议，要经常对老师进行培训，让他们有足够的自我保护能力，同时也使学校的工作开展得更顺利，真正地构成家长、学校、社会三位一体的教育机制。

对于学生的管理工作，我也不断地创新。2003年，通过对全校学生一年的管理，我发现监督制度不够健全，监督员工作不到位，没能很好地收到激励效果，于是修订了学校制定的学生管理制度，制定了《小学生必读》，重新设计了一系列卫生、纪律检查表格，便于指导班主任的日常管理，有利于监督员的检查工作；把每一月的流动红旗评比改为每周一次，工作虽然麻烦一点，但是更有利于激发学生，调动了各班的积极性，进一步规范了学生的日常行为。

2006年上学期，为了丰富评价主体和评价内容，实现教育观念的更新和评价机制的再一次改革，摒弃传统的期末评"三好"活动的弊端，使评价活动的激励机制更经常、更全面，更好地贯彻新课程改革的理念，更充分地发挥学校的育人功能，在校长的倡导下，对学生的管理实行了"星级学生"评比。

"星级评比"活动是个新事物，在三月份的评比活动中，我带领政教干事边摸索边操作。我知道，评星的主要目的就是激励学生全面发展，评星的口号就是：创造条件能摘"星"，个个争取得"五星"。作为班主任，我在工作中探索出了一些经验。为了充分调动学生的积极性，充分发挥学生的作用，我特别注重同学评议和班委会意见一栏。我不走过场，也不注重形式，脚踏实地，让学生有针对性的评议，做到严格要求，公正合理，实事求是。我事先安排了小组评议要求，反复强调：对学生评议有意见的，可以找欧阳老师再商量，争取重新核定。同学们的眼睛是雪亮的，同学们的讨论是非常激烈的。谷琰斌是个进步非常快的学生，由差等生一跃成为中等生，他申请了进步之星，可是在评比活动的前几天却有些退步，变得有点爱讲小话了，同学们都不喜欢他。看着他乞求的眼光，我来到了他们这一组，问："他的进步怎样呀？我也觉得他有点退步。如果他能改的话，我们能给他一个机会吗？"同学们响亮地回答："行！"谷琰斌笑了，我也笑了。结合当班主任的实践体验，结合学校三月份各班评比审核情况，我进一步发现了问题，更深刻地感悟到了评比活动的机制有效，让学生真实地认识了自己，评价了自己，找到了不足，发扬了优点。在这个基础，我又进一步完善了评比的操作细则，多次召开班主任会议，总结经验。对于三星级以上的学生，在升国旗仪式时，进行表彰，佩戴星章，学生的积极性更高了，他们在自豪、激励中又扬起了 4 月份"星级评比"的风帆。

（本文为作者评优评先的典型材料）

关注教师心灵，共筑愉悦环境

宜章进修学校附属小学，是宜章城区的一道独特的风景，创办于 1998 年，是一所新办的学校。说句实在话，一所新起的学校要想在县城站稳脚跟，着实要所有老师打拼一番。当然，在几届校长的不断努力下，附小树起了自己的形象，树起了自己的旗帜，在我们的县城已经是家喻户晓了。家长们都说，附小的老师是最负责的，教育质量是名列前茅的，把孩子放在附小读书是最放心的。虽然说，我们的工作是辛苦的，但一直以来，学校还是比较注重老师的心灵的放松，教师的工作还是比较愉悦的。随着学校规模的扩大，师资队伍的猛增，竞争意识的不断加强，工作压力的不断加大，许多老师逐渐出现了"亚健康状态"。个别老师不得不因为身体的健康而放弃工作，也有的老师开始产生倦怠心理，甚至有极个别老师缺乏进取精神。面对老师出现的不健康苗头，学校如何为教师们创设一个更快乐更轻松的工作环境，让大家正确面对竞争，学会释压，学会调节心理，已经成为学校的当务之急。当然，作为一所知名度还算高的小学，更应该把教师心灵建设与创新争优活动结合起来。经过几年的实践，我校在教师心灵建设工作中取得了一定的成果，现慢慢道来，与大家分享与共勉。

一、行政领导高度重视，首先学会自我调适心理

其实，面对繁重的工作，不仅普通老师需要释压调节，行政领导更要释压调节，而且要率先学会释压调节。他们要想他人之想，要做他人之做。很多时候，行政领导要起好带头作用，要进行全方位的考虑，要面对来自内部和外界的压力。如果他们都没有良好的心态，自怨自艾，又如何去关注老师的心灵建设呢？因此，学校非常注意领导班子的心灵建设，经常利用行政会的机会，聊聊自己的所见所闻，说说自己的烦恼和困惑，甚至于发发自己的牢骚，叙叙自己的无奈，通过相互的了解和沟通，博得大家的理解和支持，间或在谈笑声中来点自嘲，把那份压抑和无奈释放出来，进而取得心理的平衡，让自己的心情在理解中、在支持中得到放松，进而获得更大的鼓舞，让自己更潇洒、更从容地去面对一切。当然，作为行政领导，我们还规定要多看相关方面的书，让自己更积极地主动地去面对我们的生活和工作，同时，适当地去参加一些保健活动和娱乐活动，让自己更阳光、更充满活力。这样一来，我们的行政团体更团结、更和谐、更具凝聚力，成了老师们的一面镜子。

二、建立健全互动交流机制，构建温暖家园

学校好比是一个大家庭，教职工能够聚在一起工作，这是一种缘分。既然如此，我们更应该珍惜这份缘分，更应该创设一个舒适、和谐的环境，让大家感受到自己真正是家庭中的一员，感受到家庭的快乐和温暖。因此，为了更好地开展这项活动，我们规定学校行政工作人员必须做到"八必访"：即，教师有病必访，教师调动必访，教师遇灾必访，教师丧失亲人必访，教师思想情绪波动必访，教师犯错误必访，重阳节退休职工必访，春节困难职工必访。

刚开始办校时，学校的底子比较薄，在很多方面都要节约开支。在教师丧失亲人必访中规定：只有职工的爱人和自己的父母离世了才去访问，而公爹、公婆或岳父、岳母离世了却不能去访问。其实，对于这一点，表面上似乎也合理，自然也节约了部分开支，但是对于老师来说打击却非常大，根本感受不到集体的温暖。那年，有位老师的公爹死后，因为有这项规定，学校领导没有去慰问，她一直有怨言。想想也是，自己在学校尽心尽职地工作，哥哥嫂子、姐姐姐夫单位上都来人了，甚至单位上的部分职工也来了，唯独自己单位上无人问津，就像一个被遗弃的孩子，在兄弟姊妹中，自己觉得脸面全无，很是委屈。在交谈中，我便及时地向领导提出自己的观点。根据需要，我们及时地做了更改规定。记得我家公爹走时，刚好在规定修改后，看着单位来人，领导不仅以单位名义来安抚，还以私人名义来慰问，教师们也不约而同奔丧，说真的，我那时感到一股暖流流遍全身。在制度的制定过程中，我们更应该设身处地地为老师着想，使我们的制度更人性化，让大家感受到集体的关爱，从而以一种更积极的心态投入到工作中去。

三、领导分工负责，真情与教师沟通

在关注教师心灵的过程中，学校成立了以校长为组长，中层领导、心理咨询师、班主任、教师具体参与的心灵建设领导机构。学校领导实行了分工负责制，把领导合理地安排到各个年级，既直接指导本年级的管理工作，也能及时了解本年级教师的心理健康状况，以便有针对性地召开本年级教师会议，通过讨论交流，及时地帮助教师解决各个方面的问题。对于个别的问题，个别老师的心理困惑或错误，就采取单独交流的方式，既顾全了他们的面子，又能一针见血地指出问题，只要真心地与他们交

流，以心换心，就能理顺他们的心理，增进情感的交流，同时也能激发教师的工作热情。当然，对于比较特殊的问题，比较棘手的问题，也要及时地反映到校长那里，再由校长单独交流解惑。当然，也要充分利用其他资源帮助老师解惑。比如：那个师徒结对的青蓝工程课题，几个徒弟产生了分歧，我们就充分借师傅的力量来提高徒弟的各方面的认识，让他们放下包袱，以一种不甘落后的积极心态投入到教育教学工作中，让这些青年教师不断地完善自我，茁壮健康地成长起来。

曹老师是一个多面手，能歌善舞，在班级管理方面有一定的特色。作为政教主任的我，能够恰如其分地肯定他的成绩。在优秀班主任评比中，我毫不犹豫地推荐了他，学校也理所当然地推荐他为县级优秀班主任。后来，他被任命为政教干事，是一位名副其实的好助手。但是，在今年上期的青年教师比武活动当中，因组织"六一"晚会、又当了班主任，工作确实比较繁忙，再加上他老婆也带班，还要带小孩，于是提出两口子中只一个人参加青年教师比武活动。管教学的校长没有批准，于是他就大发牢骚，甚至与极个别的特殊老师比，怪学校没有关照。我既是他的直接领导，又是他的课题师傅，劝说工作的担子也就落在了我的肩上。在交谈中，我首先肯定了他近段时间的辛苦，对他提出的要求表示理解，但是，也很真诚地告诉他：作为学校的一项工作，不可能说变就变，更何况他的妻子还只是借用期，学校能借用，本身就是为了解决两地分居问题。如果仍然坚持己见，学校领导肯定就会有想法了。学校里确实有一对夫妇没有参加活动，因为他们碰到了困难，生小孩的问题是一生中最大的问题，更何况他们正在保胎！作为男人，要顾全大局，多做做妻子的工作。更何况，你现在当干事，更应该克服一切困难！通过交流沟通，他乐意地参加了这次活动。活动中，两口子以积极的心态参与活动，充分准备，并多次请师傅指导备课、听课、评课，充分展示出自己的教学特色。

四、以活动为载体，使教师乐学、乐教、健康发展

让教师快乐地工作，让学生快乐地学习，这是我校追求的目标。为了让老师不断地补充知识，不断地提升自己，我们经常开展一些参观学习及旅游活动。只要有外出学习的机会，学校都会争取更多的指标让老师去参加，这样一来，既可以让老师充电，学到更多的教学经验，又可以趁机去散散心，释放压力，放松心情。学校有时会利用暑假或节假日，组织一些参观旅游活动，让老师们饱览美景，开拓眼界，陶冶情操。学校也致力于举办丰富多彩的比赛，有拔河比赛、投篮球比赛、演讲赛、卡拉 OK……老师们有了好心情，有了新的教学理念，有了积极的工作态度，有了满腔的工作热情，何愁工作上不来？何愁质量上不去？何愁身体不健康？

总而言之，教师的心灵建设，促进了学校各项工作的发展。有一支充满战斗力的教师队伍，学校的凝聚力更强，取得的成果也更大，学校的声誉也更好，发展的空间自然也会无限大。

斗志永驻，扬帆教海

2013 年 11 月 25—29 日，我非常幸运地参加了宜章县小学校长任职资格培训。参加这次培训的校长来自全县各小学，都很年轻，朝气蓬勃，思想活跃。这一次培训管理规范，完全实行封闭管理，班上设有班长、生活委员、学习委员等，班主任每天点名考勤。本次培训的老师功底雄厚，演讲艺术高超。我们听了彭局长、李校长、王校长、彭校长、范校长、杨主任的课，参加了校长论坛，举行了篮球赛，参加了卡拉 OK 晚会，考察了八中，观看了附小大课间。几天的学习，我心潮澎湃，收益很多。本期培训，充分展现了我们学员的素质，让我们看到了校长队伍成长的写真，让我们看到了领导班子的正确决策，让我们看到了宜章教育腾飞的希望。我更坚定了教育的信心，我不由得庄严地宣誓：身为教育战线一员，我要主动迎接困难，百折不挠！身为教育战线一员，我有坚定的人生信念，始终如一！身为教育战线一员，我有明确的奋斗目标，绝不放弃！身为教育战线一员，我要将自己的能力发挥到极点，战胜挑战！身为教育战线一员，我必须积极地行动，勇敢地实践！身为教育战线一员，我要不断汲取新知识、新技能、新观念！身为教育战线一员，我不畏惧失败，我将走向成功！用心、用脑、有情、有为，做与教育融为一体的人。

笔尖上的*花朵*

一、克服惰性，激励自己，客观分析，科学定位，创更好的学校

"没有最好，只有更好。"这是我们的名言，也是给我们的期望："做更好的自己，做更好的教师，做更好的校长，建更好的学校。"经过几天的学习，我终于明白了什么是更好的学校。我们参观了八中，刚下车，一条以前我没见过的水泥路干干净净地呈现在我的眼前，路边的桂花树、花花草草等绿色植物整整齐齐，好像在列队欢迎我们。我们参观了各班教室及功能室。他们管理制度一体化，拥有"文明、环保、节约"的校园文化、标准适用的学生公寓，老师学生内务管理的军事化。他们大力实施"教师形象工程""师德之星评比"，他们大力创建绿色校园，加强家校联系，得到了社会各界人士的认可："安全、文明、和谐、信任"。这难道不是我们心目中的更好学校吗？通过这一次学习，我真正地找到了原因，我们需要克服惰性、客观分析、科学定位、设立目标，对教育事业要说绝不放弃，百折不挠，始终如一。记住这段话："种子不放弃土地，秋天才能收获累累硕果。花朵不放弃雨露，人间才能绽放五彩缤纷。人类不放弃探索，社会才能进入昌明盛世。脚步不放弃道路，前途才能通向辉煌未来。生命不放弃成长，我们才能有行动的力量。灵魂不放弃希望，我们才能汇聚在教育旗下。英雄百折不挠，正义才能自豪地无所畏惧。"

二、厉兵秣马，扫除障碍，秩序井然，张弛有度，做更好的校长

"一个好校长，就是一所好学校。"那么，怎样当好一个校长呢？听了几位校长的课，我明白了，当好一个校长关键在于科学管理，管理的核心是人的管理。如何坚持以人为本管理好人呢？

我在几位校长的提点下，总结出以下几点。

1. 用全新的理念引导人

理念决定思路，思路决定出路。校长应是一个爱学习的人，要积极主动了解和掌握全新的教育理念，要朝着专家治校目标努力奋斗。这样的校长才会有正确清晰的思路，才能将教师这个群体向教育前沿的方向引领，才能成为一个具有一定的办学思想的校长，才能形成学校的办学特色，才能办好一所学校。

2. 用昂扬的精神影响人

校长要热爱本职工作，热爱才会有激情，有激情才会有精神，任何人的工作都是以精神作支撑的，精神状态是人工作的动力，精神支柱垮了，事业就无法干了。校长的精神很大程度上会影响教师群体的精神状态。校长应该在困难和成功面前都有胜不骄、败不馁的精神状态，有战无不胜、敢为人先的昂扬激情，在生活工作中，时时做到精力充沛、神采飞扬、气宇轩昂。这样，你这所学校的群体才有精神、有战斗力和自信心，就能朝着创造成功、追求卓越的目标奋斗。

3. 用严格的制度要求人

无规矩不成方圆。学校应由人管人转变成制度管人，学校的制度要做到全面性、科学性、可行性相结合，一旦制度形成，就必须严格执行。

4. 用务实的作风号召人

务实永远比语言更有号召力。学校校长要说到做到，要身先士卒，作为楷模。虽重宏观调控，但并不能一味指手画脚，要用勤奋而踏实的工作作风去影响他人和感召他人。

5. 用科学的方法管理人

管理有法，管无定法。校长的管理方法要把当代先进的管理理念与本单位的实际相结合，在管理中反思，在反思中完善，探索出一道科学管理方法。在管理过程中实施"严格+科学+爱心+创新"的管理模式，做到刚柔相济、虚实并举、精细得当。

6. 用健全的机制激励人

要想充分调动教师的工作积极性，学校一定要有健全的激励机制：一是用人激励。校长要提拔思想层次高、工作能力强、工作业绩好、有大局观念的优秀教师进入学校领导班子。二是给教师以精神激励，对有积极影响的人和事要给予充分肯定，及时表扬，多层次、全方位评选各类先进，充分发挥教师的特长和优势。三是给老师以物质奖励，做到奖罚分明，教师的工作业绩必须与评先、评优、晋级挂钩。

7. 用真诚的爱心凝聚人

团结产生力量，凝聚诞生希望。校长必须团结广大教职工，关心关爱教职工，为教职工排忧解难，跟广大教职工交朋友，使广大教师达到"为知己者死"的工作境界，唱好《团结就是力量》这首大合唱。

8. 用宽广的胸怀对待人

"人非圣贤，孰能无过。"一所学校，一个群体，各种性格的人都有。教师的工作优劣共存，学校校长不能一味地给教师挑刺，更重要的是发现教师的闪光点，引导和帮助教师改正缺点，克服不足，完善自我。在管理中，校长必须贯彻"以人为本"的管理原则，这样才能最大限度地挖掘教师潜能，充分调动广大教职工的积极性，实现管理好人的目标。人管好了，才能为做好事、理好财、管好物打下坚实的基础，学校管理才能跨上一个崭新的台阶。

9. 巧用用人原则

善用人原则。知人善用是校长用人的艺术核心。校长必须熟悉、了解每个干部、教师的基本状况和个性特征，合理安排工作，让其在实践中锻炼，增长才干。

用其所长原则。着眼于教师的长处和优点，用其所长，避其所短，科学地选准人才并大胆地使用人才。

用人不疑原则。"用人不疑，疑人不用"。校长在选任学校各个岗位的人选时，必须充分信任教师，鼓励教师积极、主动地做好教学工作。

导向激励原则。校长在用人方面，不能简单地要求下级听从组织安排，甚而强迫命令或以权压人，而应有意识地根据教师的能力、兴趣、潜力等进行积极引导，促其尽快地适应环境和工作，使教师发挥最大的积极性、主动性和创造性。

授权原则。校长一旦确信自己已经把最合适的人选安排在合理的位置之后，就应授以他权力，充分发挥他们的主动性和创造性，使其以极大的热情做好所承担的工作。

通过这次培训，我认为我们学校没有最困惑的东西，需要的是立即行动，需要领导给我们的是信任与关怀，需要的是学习机会。为实现学校的更好发展，我们需要反复学习、反复行动、反复实践、反复锤炼刚毅和勇气、反复激发自己的成功潜力。众所周知，正是反复的自我激励、自我突破，中华民族在百余年的苦苦拼搏之后，改写了民族屈辱的历史；爱迪生熬过一万次失败，终于给世界创造了奇迹；正是地球千万年不停地穿越昼夜，运载人类脱离了蛮荒世纪；正是清晨永恒的旭日东升，带来鸟语花香、霞光绚丽。

"创更好的学校，做更好的校长，做更好的老师。"这是一种平和的心态，也是一种激情的行动；是对某种欲望的放弃，也是对某种理想的追求；是平凡的细节，也是辉煌的人生；是"竹杖芒鞋轻胜马"的闲适从容，也是"惊涛拍岸，卷起千堆雪"的荡气回肠。让我们大家都认为："生活在学生中，就是幸福，就是更好!"

管理篇

Chapter 02

请相信，我能行

——班主任致家长的一封信

尊敬的家长：

　　你们好！很高兴能以这种方式与大家交流。时间过得真快，与大家相识一年多了。首先，感谢大家的理解和支持。说句实在话，有了你们的理解和支持，即使我遇到了再多的困难和困惑，我都能以一种平和的心态处之。有位家长曾这样对我说："欧阳老师，我们自己的孩子自己心中有数，再差的学生，也请你不放弃。"在这里，我要问心无愧地对大家说："只要他是我的学生，不管他曾经好或坏，我都会尽我所能，充分挖掘其闪光点，让他们抬起头来走路。"不是吗？我做了一个统计：我们班中途转来的学生比较多，大部分基础差、习惯差，还经常不完成作业，对于作文，有的学生只写几十个字，只要一听到写作文和日记，就直叹息。况且父母是双职工的也只有十来个，有的家长只顾忙于生计而无暇照顾孩子，有的家长可能有时间却不能辅导孩子，当然，更有甚者是忙于应酬和娱乐，也许有能力却也不能抽时间辅导孩子。虽然通过一年多的努力，班级在很多方面都有了一些进步，孩子们爱笑了，爱与人交流了。孩子们在课堂上也更活跃了，也更爱我们这个集体了，当然，老师们也爱来我们班上课了。但是，我们班学生的基础实在是有些差，而且差生较多，两极分化现象相当严重。我已是教过几届毕业班的老师了，当然也就有比较了，因此，我们要看清孩子的差距，要了解孩子的诉求。这里，孩子们在日记本上给父母写了一封信，写了《我想对父母说》，请家长们注意：在本周看一看他们的日记，算是一次相互交流吧。也请家长们在小学最关键的一年里，尽量抽时间关心一下孩子们的学习，让他们在关爱中自信地成长吧！为了让他们敢说敢做，提高综合素质，我经常鼓励他们积极发言，学会沟通，开展了丰富多彩的活动，让他们在活动中找到了快乐，锻炼了勇气，培养了能力，丰富了写作素材。再加上我采用了一些奖励机制，孩子们的学习兴趣开始有了，很多孩子的写作能力有了明显的提高。开展了批评与自我批评后，他们有了一定的分辨是非的能力。这是让我感到最欣慰的。是呀，有什么比学会做人更重要的呢？这次期中考试的题目基本上是按考养正中学的要求来出题的，综合题多，难度较大。这可难倒了他们，像数学，就还考了一些没有学过的知识。当然，面对他们的差距，我真心地希望家长多给孩子鼓励和理解，也真心地希望家长严格地要求孩子，督促自己的孩子。其实，小孩子的可塑性是非常强的，只要我们多献出一份关爱，多给予一些鼓励，我相信我们的孩子一定会更健康、快乐地成长。

班主任：欧阳雪瑛
2009 年 12 月 2 日

家教寄语

父母教子的七大技巧：

1. 尊重孩子的意愿与选择。

2. 成为孩子的好伙伴。

3. 赞美是良好的润滑剂。

4. 善于与孩子沟通。

5. 为孩子找一个好对手。

6. 用故事引导孩子。

7. 养成动手的好习惯。

如果儿童生活在批评的环境中，他就学会指责；如果儿童生活在敌意的环境中，他就学会打架；如果儿童生活在嘲笑的环境中，他就学会难为情；如果儿童生活在羞辱的环境中，他就学会自卑；如果儿童生活在忍受的环境中，他就学会忍耐；如果儿童生活在鼓励的环境中，他就学会自信；如果儿童生活在赞美的环境中，他就学会欣赏美；如果儿童生活在公平的环境中，他就学会正义；如果儿童生活在安全的环境中，他就学会信任他人。

班主任寄语
——写给我们的孩子

自信篇

成功是优点的发挥，失败是缺点的积累，人生最大的成就是从失败中站起来。人生最大的失败，是扼杀自信心。只要给自己足够的自信，成功就在你脚下。自信是成功第一秘诀，我们要对于昨天感到快乐，对于明天感到自信。

劝学篇

花一样的年华属于花一样的你们，在这鲜花盛开的季节里，珍惜花儿的绚烂，用智慧和汗水浇灌世界上最美、最灿烂的理想之花。

在浩瀚的知识海洋里航行，自信是船，勤奋是帆，毅力是风，你们是舵手，而我是水手。只有我们师生齐心协力，不畏艰险，才能达到胜利的彼岸。

你们是清晨花瓣上晶莹的露珠，折射着太阳的光芒，充满希望。滴水能穿石，学习靠积累，只有不断地努力学习，才会有收获，美好的未来属于你们。

激进篇

做该做的事是智慧，做不该做的事是愚蠢。你那样聪明，能辨别事情的是与非，即使一时不能，也希望你找老师和家长来帮你，做学习的勇者，做生活的智者。你能行！为自己找借口的人，永远不会进步。孩子，踏踏实实走好自己成长中的每一步，你就会离成功越来越近！

亲爱的孩子，抬头看看，头顶的天依然很蓝，低头看看，脚下的路仍旧很宽。这点小挫折算什么，应该感谢它，又帮你在成长的路上前进了一大步。

寄语我们的家长

1. 对孩子的期望值不要过高，而应根据孩子的情况"量体裁衣"，如果父母的要求过高，超出了孩子的心理承受力，孩子思想压力大，越怕考不好，就越考不好。

2. 帮助孩子正确认识考试，既要认真对待，又要缓解孩子心头的巨大心理压力。家长要告诉孩子，重要的是尽最大的努力去考，而不必过多地考虑结果，只要能真正考出自己的水平，就行。

3. 要多关心孩子，不仅是学习成绩，还有身体状况、生理变化及思想动态，多跟孩子进行沟通，谈心，发现问题，及时疏导，给孩子自信心。

4. 创设一个良好的家庭、学习氛围。心理学研究表明：愉快的心情对孩子完成作业有很大的帮助，而不良的家庭氛围（如大声喧哗、家庭不和睦）则会降低孩子学习的效果。

5. 不要放纵孩子的行为，要督促孩子养成一个良好的学习习惯，让孩子终身学习。

6. 帮助孩子正确处理好学习与兴趣爱好的关系。合理安排作息时间，做到有张有弛，劳逸结合。

7. 多鼓励孩子，赏识孩子，帮助孩子树立自信心。

珍爱生命，注意安全

——五（1）班主题班会（教学开放日）

【活动目标】

1. 让学生时时刻刻都要注意安全。

2. 人人树立安全意识，养成相应的行为习惯，远离危险，珍爱生命，健康安全地成长。

3. 通过活动，学生懂得安全的重要性，学习有关安全知识，把"安全"牢记心中，做安全知识的小宣传员。

【活动准备】

1. 搜集与自己关系较密切的各方面安全知识。

2. 搜集不注意安全而造成悲惨事例的图片。

3. 搜集交通安全标志。

【活动过程】

主持词：

（李青）同学们，安全是我们正常生活、学习、工作的保障，我们要牢记各种安全知识，避免各种危险。

（姚浏翔）我们学生的安全牵动着每一位老师和家长的心，牵动着社会上的每一个人。

（李、姚）今天，让我们一起来举行"珍爱生命，注意安全"主题班会。

（老师）同学们，在日常生活中，经常发生一些让我们触目惊心的场面。请看录像。

（课件出示车祸录像）

（李青）看了这段凄惨的录像，你的内心有什么感触呢？

（老师）同学们，再仔细想想，为什么会发生这一幕幕惨绝人寰的悲剧呢？

（姚浏翔）同学们，我们一定要注意交通安全，一定要遵守交通法规，千万别让悲剧在我们身上上演！！！

下面请听女生朗读《交通安全三字歌》。

（课件出示《交通安全三字歌》）

（老师小结）是啊，交通安全与我们密切相关，有时因为我们的疏忽却造成终生遗憾，所以我们只有注意交通安全，认真遵守交通规则，才能远离车祸，健康快乐地成长。

（李青）要想远离危险，还需要我们学习并熟知有关的安全标志。请看，你认识这些安全标志吗？

（课件出示安全标志）

（老师小结）同学们，别小看这些安全标志，我们只有认真按照安全标志的提示去做，才会让危险远离我们。

（李青）当我们背着彩色书包，风一般跑出家门，有多少父母一遍遍叮咛：注意安全！注意安全！又有多少母亲在祈祷：愿你快乐，祝你平安！

（姚浏翔）在这个偌大的人世间，我们确实渺小，在我们身边时常有很多不安全的事情发生。请看由吴成涛、曾魏等同学表演的小品《游泳》。

（姚浏翔）看了这个小品，你有什么想法呢？谁来说说？

（老师小结）同学们，每年夏季都有一些中、小学生由于私自下河游泳而命丧黄泉！游泳是一项体育项目，可以强身健体，但我们一定要在大人的监护下，在有安全设施的水域游泳。在发现同伴溺水时，应立即呼喊大人去救，不宜盲目下水营救，避免发生更多伤亡。一定要做到"四不游泳"。来，请男孩子站起来齐读。

（课件出示"四不游泳"）

1. 不在无家长或老师的带领下私自下水游泳。

2. 不擅自与同学结伴游泳。

3. 不到无安全设施、无救护人员、无安全保障的水域游泳。

4. 不到不熟悉的水域游泳。

（李青）在日常生活中，由于顽皮，我们也经常处在危险之中，这些同学的行为危险吗？

（课件出示危险画面）

（老师小结）在我们的日常生活中，有些让我们觉得很平常的事情，其实也暗藏着危险，我们要注意防范，学会自我保护。

（姚浏翔）我们有时独自在家，有人来敲门，要问清来人的姓名，如果是陌生人，不要给他开门，不要轻易让陌生人进屋。如果陌生人闯入家中，我们可到窗口、阳台高声呼叫。不要跟陌生的人走。不要随便吃陌生人的东西。不要随意和陌生人交谈或交朋友。

（李青）网络为我们获取知识、了解世界提供了许多方便，但如果使用不当，也会对自己或他人造成伤害。要记住：电脑用处大，安全使用有讲究。网络主要用于学习，不能沉溺于网上游戏，以免荒废学业。不要轻易和网友见面。不要进入不健康的网站。不要轻易说出家庭地址、电话或其他资料等等。

（姚浏翔）下面我们来进行安全知识问答。请欧阳老师出题。

（课件出示问答题）

（老师）请大家仔细看题，同桌之间互相讨论，再举手回答。

（老师）为了我们的安全，为了我们的幸福，让我们牢记！

（火警电话 119　急救电话 120　报警电话 110）

（李青）同学们，让我们都来做一个珍爱生命、注意安全的学生吧！我们五（1）班班委会拟订了一份《进修附小五（1）班安全公约》，请大家齐读。

（课件出示《进修附小五（1）班安全公约》）

（姚浏翔）同学们，你们能认真遵守这份安全公约吗？（能）"珍爱生命，注意安全"主题班会即将结束，下面请欧阳老师讲话。

（老师）同学们，今天我们班举行了"珍爱生命，注意安全"的主题班会，我们从中看到了不遵守交通规则所造成的严重后果，并且认识了一些安全标志，获得了不少安全知识。从今以后希望大家都能把"安全"两字牢记心中，并且做个义务宣传员，让我们周围的每一个人都安全、健康、快乐，这就是我们最大的心愿。

主题班会"珍爱生命，注意安全"到此结束！最后送大家一首歌《祝你平安》，祝愿每一位老师、家长、同学平平安安！让我们跟着一起唱起来吧！

（课件出示歌曲《祝你平安》）

反思：

可以这么说，我认为自己是一个非常优秀的班主任，我所带的班级活跃，学生思想素质好，他们积极向上，学生的综合素质高。我也曾经上过许多自认为很成功的班队课，却从来没有像这堂课的感触那么深刻。因为这堂课，不仅上得生动形象，而且容量大，让我深深地感受到了多媒体教学的魅力。下面具体谈谈我的收获。

1. 设计新颖。首先由带有影像的故事导课，一开始就围绕主题紧紧地抓住了学生，让学生身临其境地感受到不遵守交通规则所带来的危害性，深深地懂得安全的重要性。

2. 设计创新大胆。整堂课由两位聪慧、阳光的主持人和老师一起来组织，课堂气氛活跃，拉近了学生和老师的距离，课堂很有亲和力和号召力。

3. 安排了小品表演，既给了孩子们表演的机会，又激活了课堂，让学生在讨论中明辨是非，在现实生活的事实面前体会到私自下河游泳将带来的危害性，从而引导学生正确行为，不能私自下河游泳。

4. 利用多媒体教学，形象直观，而且课堂容量大，学生有了这些感性认识，自己在事实面前、在讨论中自然就知道安全的重要性。

浅谈班主任的谈话艺术

作为班主任，家访应该是一项常规工作。大家都知道，家访是学校与家庭沟通的桥梁和纽带，是共同教育好学生和子女的有效手段。如果班主任在家访中能注意与家长、学生的谈话艺术，就能提高家访的效果，也能使家长、学生避免对班主任或教师的到来生出反应冷淡、尴尬的局面。

那么，如何把握与家长、学生的谈话艺术呢？

家访谈话，是班主任与家长、学生沟通感情，对学生施行教育的重要手段。一次成功的谈话，可以使学生如沐春风，给学生以启发、鼓励；反之，也可以使学生消沉、迷惑，甚至一蹶不振。那么，班主任应该怎样才能较好地使用这一教育手段呢？我觉得班主任与学生及家长谈话时要想取得理想的效果，首先应遵循谈话的"五有"原则，即：有礼、有趣、有据、有数、有度。

一、有礼

俗话说：人到门前都是客。班主任作为特殊的客人到学生家庭进行访问，是多数家长欢迎的客人。我们不谈家长接待我们时的礼仪，也不要期望学生家长接待我们时具有合乎我们心意的、较为讲究的礼仪。班主任或教师到了学生家庭进行访问，首先要做到有礼。见面主动问好，称呼贴切，微笑温心地对待家长或学生，做到"一团和气"感染家长或学生，家长才会"客客气气"，这是打开话匣子、与家长和学生进行推心置腹交流的关键一步。

二、有趣

心理学告诉我们，人们对感兴趣的信息易于接受。因此，班主任在与家长、学生谈话的时候，要坚持有趣的原则，从家长、学生感兴趣的话题谈起，善于捕捉学生进步，从值得肯定的话题入手，这样才能使你与家长、学生之间的心理距离缩短，才能使家长乐于接受你的观点。

三、有据

如果班主任向家长或学生灌输某个道理时，所说的例子纯属子虚乌有，或驴唇不对马嘴，家长或学生不仅不会接受，而且会嗤之以鼻。班主任的威信，在家长及学生心目中将会大大下降。如果班主任批评学生的事实不确凿，理由不充分，家长、学生不仅不会违心认错，而且会据理反驳，使班主任处境尴尬。所以，班主任与学生谈话一定要做到言之有据。班主任谈到某方面的问题时一定要谨慎，尽量不要伤及家长或学生的自尊，即使要谈，也应有趣地谈。

四、有数

"凡事预则立，不预则废。"与家长、学生谈话，当然也不例外。找学生谈话时，班主任事先要明确谈什么，怎么谈；要达到什么目的，并在备课本上记录一下，即"绝不打无准备的仗"。同时，班主任要对谈话中可能出现的问题有个大概的估计，要力求谈一次，成功一次。良好的准备能确保谈话的成功。

五、有度

班主任家访时的谈话，要掌握好尺度，不能让自己的情绪影响家长或学生，更不能因为一时不高兴，说一些有损学生、家长自尊心的话，甚至进行恫吓或辱骂，不能在学生面前散布偏激的言论，发一些不着边际的牢骚。谈话也要因材施教，由于学生、家长的性别、性格、年龄等不同，对其谈话的内容、方式也应不同。

班主任家访谈话，固然要遵循正确的原则，但也离不开好的教育方式、方法。为了达到一个理想的谈话效果，班主任与家长和学生谈话时应注意以下几个方面：

（一）要把握谈话的时机

人在不同的环境、不同的气氛中，会产生不同的心境。一个人处在愤怒、烦躁的情绪状态时，往往听不进劝告和批评，只有当他们心情平静下来了，恢复了心理平衡，就容易接受批评或帮助。因此，班主任谈话的时候要选择在对方心平气和时进行。当学生的思想比较固执，一时难以说服时，班主任可以采取"冷处理"，等学生情绪稳定下来后，再继续谈。学生对班主任有某种成见或偏见时，最好采用"暂移接触法"，即改由一位最受他尊重，或者平时和他关系较好的人，先进行辅助性的谈话，等时机成熟了，再由班主任出面谈话。

（二）要选择适当的谈话场所

与学生交谈总离不开具体场合，交谈场所虽然不是谈话的具体内容，却是语言交谈赖以进行的外在环境，而且对语言交谈有很强的制约作用。首先，谈话场合会影响人的情绪，对语言交谈有诱发作用和暗示作用。我们常常看到这样的一种情况：一个不善言谈的人，在令他兴奋的场合会侃侃而谈；相反，一个很爱说话的人，在特殊的场合中也会沉默不语，这充分说明谈话的背景对说话情景的诱发作用；其次，谈话场合会影响人的语言行为，对语言交际有控制作用；再次，谈话场合还可以丰富词语意义，使现象交谈语言含有言外之意。因而，班主任在抓住最佳谈话时机的前提下，必须精心选择交谈环境。谈话的场所，可选择在办公室，也可以在室外，视谈话的内容而定。但需要指出的是，利用谈话方式对学生进行批评教育，切忌在众目睽睽的课堂或学生家庭中进行，因为学生往往会认为是教师故意给他们难堪，有意和他们过不去。

（三）谈话的态度要好，语言要委婉

班主任整天和学生打交道，免不了要发生一些碰撞。在这种情况下，班主任要尽可能平和，平易近人，尤其是对差生。可是，班主任往往能对好同学和蔼可亲，可一遇到差生，总摆出一副盛气凌人的架势，要求学生绝对服从，稍有顶撞，便火冒三丈，不管三七二十一说一些不该说的话，做一些不该做的事。结果，不仅问题没有解决，而且加深了师生间的矛盾和隔阂，这是不可取的。大家知道，差生好比患了病的人，而患病的人比健康的人更希望得到关心和温暖，班主任在与差生谈话时，如能态度温和，平易近人，把他们看成是"受了伤的花朵"，"恨其错"而更"爱其人"，不嫌弃他们，用滚烫的语言去温暖他们，伸出温暖的手去挽救他们，他们就会把班主任当作亲人，在心里鼓起重新做人的勇气。同时，谈话的语言要委婉，对学生的批判指责可以用提出希望的方式来表达，比如说，你在某方面还"有待加强""有待改进""做得还不够"等。这些字眼都比较委婉，带有鼓励性。这样谈话效果会更好些。

（四）要平等地对待谈话学生

班主任谈话时，必须平等待人，坚持用民主的方法、说服的方法，摆事实，讲道理，以理服人，绝不能拿班主任来压人。特别是对犯有这样或那样错误的学生，就显得更为重要。应该看到，这些学生在思想感情上往往与绝大多数学生处于一种隔阂的状态，他们对周围的训斥、讽刺、冷眼十分敏感。因此，班主任谈话时，必须以平等的地位和与人为善的态度对待他们，使他们感到老师的友爱和温暖，从而在心灵上唤起共鸣。如果摆出一副居高临下，批评人，教训人的架势，即使谈的句句在理，听者也会产生反感。即使有的人表面上认错，心里仍会不服气的。

（五）谈话时要进行角色转换

学生犯错误或做错事，原因是多方面的。班主任找学生谈话时，不要一味地责怪学生，要设身处地为学生想一想，把自己放在对方的位置上去考虑问题，客观地想想对方的处境，分析产生错误思想的根源，只有"将心比心"地分析问题，谈话又能谈到点子上，学生才会接受。如果班主任和差生谈话时，一味地把成绩放在第一位，学生有了进步却不及时鼓劲。一旦学生犯了错误（即使很轻），班主任便大加指责，结果使学生心灰意懒，一蹶不振。其实，犯了错误的学生正像有了裂缝的瓦罐一样，班主任亲切地交谈，平易近人的态度，正是一贴弥补裂痕的黏合剂。这时，班主任如能把自己放在学生的位置上，设身处地多为学生想想，尊重他们，相信他们，发现他们身上的"闪光点"，利用各种条件及时加温，学生心中的上进之火，定能熊熊燃烧起来。

（六）要有耐心

班主任找学生谈话时，应积极主动，但不能操之过急，更不能认为今天谈毕，明天就变好。学生听了班主任的谈话后，会有思想波动，或在改正错误过程中出现了反复，这都是正常现象。我们不能一味责怪学生"顽固"或"屡教不改"，而要具体分析。比如，有些学生爱面子，在批评和劝告面前，心服口不服，对这种学生不要逼得太紧，可以先让他回去再想想，以后再谈，逐步弄通思想。有的原先口服心服，后来经一些人的挑拨，又变得不服气了，对这种学生要耐心等待，持之以恒地谈话，做工作。但对少数执迷不悟、无理取闹的学生，我们则不能姑息迁就，一味等待，要采取有效措施，给对方以心灵上的震慑，促其猛醒。

与学生谈话是教师的一项常规工作，非常重要，必须做好。但谈话的艺术和技巧只有在工作实践中锻炼，才能不断提高。

教科研篇

Chapter 03

《词二首》导学卡

【文本特点】

1. 本课选取了两则咏梅词，一首是毛泽东的《卜算子·咏梅》，另一首是南宋爱国诗人陆游的《卜算子·咏梅》。

2. 毛泽东的词语言通俗，耐人寻味，画面感强，表现了一代伟人宽阔的胸襟与豪放的气魄；陆游的词悲剧气氛浓重，凄凉压抑，读之使人感到阴郁低沉。

【学习要点】

1. 认识、会写"俏、驿"两个生字。

2. 正确、流利地朗读课文；背诵并默写课文。

3. 能联系时代背景走进诗人内心，理解词的内涵。

4. 了解借物喻人、借物抒情的写作手法。

【实践基点】

一、学习陆游的《卜算子·咏梅》

1. 初读全文，学习生字词。

（1）学习生字：驿、著。

①读准字音。

②书写（每字三遍）：驿＿＿＿＿＿＿＿＿。

（2）理解字词。

用看注释、查工具书、联系上下文等方法理解词意。

驿：_____；无主：_____；更著_____；

一任：_____；妒：_____；碾：_____；

香如故：_____。

2. 根据刚才理解的字词意思，串讲全词意思。

3. 查资料，了解陆游作《卜算子·咏梅》的背景，完成习题。

（1）陆游笔下的梅花形象是_____的，我是从诗句_____中读出的。

（2）陆游借梅花喻_____，表现了他_____的品格。这样的写法叫作_____。

4. 背诵并默写全文。

二、学习毛泽东的《卜算子·咏梅》

1. 初读全文，学习生字词。

（1）学习生字：俏。

①读准字音。

②书写（每字三遍）：俏_____。

（2）理解字词。

用看注释、查工具书、联系上下文等方法理解词意。

反其意而用之：_____；犹：_____；

俏：_____；烂漫：_____；待：_____；

报：_____。

2. 根据刚才理解的字词意思，串讲全词意思。

3. 查资料，了解毛泽东作《卜算子·咏梅》的背景，完成下列习题：

（1）毛泽东笔下的梅花形象是＿＿＿＿＿＿＿＿＿的，我是从诗句＿＿＿＿＿＿＿＿＿中读出的。

（2）毛泽东也借梅花喻＿＿＿＿＿＿＿＿＿＿＿，表达了他＿＿＿＿＿＿＿＿＿的精神。

4. 背诵并默写全文。

___

三、对比，了解两首词的不同之处

提示：两位作者时代不同，经历不同，志向不同，情趣不同，这些会让他们所写文章的思想内涵也不同，我们可以根据这些来理解、体会诗歌的思想内涵。

1. 我是带着＿＿＿＿＿＿的语气来读毛泽东的《卜算子·咏梅》的，我的感受是＿＿＿＿＿＿＿＿＿＿＿。

2. 我是带着＿＿＿＿＿＿的语气来读陆游的《卜算子·咏梅》的，我的感受是＿＿＿＿＿＿＿＿＿＿＿。

四、运用联系时代背景的方法理解诗歌内涵

梅花

王安石

墙角数枝梅，凌寒独自开。

遥知不是雪，为有暗香来。

[注释]

凌寒：冒着严寒。遥：远远的；为：因为；暗香：指梅花的幽香。

1. 根据注释理解诗意。

___

2. 联系时代背景理解诗歌的内涵。

___

笔尖上的*花朵*

《黄山松》导学卡

【文本特点】

1. 本文作者是著名的作家丰子恺。他抓住黄山松扎根石缝、姿态奇特、多枝密生的特点，展现并赞美了黄山松顽强的生命力和异常强大的团结力。

2. 本文语言简朴，又蕴含智慧，黄山松被赋予了人的情感，值得读者细细品味。

【学习要点】

1. 认读"鬈、髓、蔓"3 个生字。

2. 抓住中心句，了解黄山松的特点，感受它的美。

3. 学习作者"虚实结合"描写景物特点的写作手法。

【实践基点】

一、初读全文，认读生字，积累优美词语

1. 认读生字（每字三遍）：鬈、髓、蔓。

2. 积累优美词语。

（1）默读全文，用横线画出文中优美的词语（如：漫天大雪等），写在下面的横线上。

（2）理解词语：描摹、囫囵、臆测、窈窕、不可思议、娉娉婷婷、挺秀坚劲、谛视。

提示：可用查字典、工具书或联系上下文的方法理解。

二、再读课文，体会文章写作特色，了解黄山松的特点，感受它的美

1. 默读课文，找出 2~4 自然段的中心句，说说课文是从哪些方面介绍黄山松的特点的，并用一句简单的话分别概括。

（1）_____

（2）_____

（3）_____

2. 画出文中突出黄山松美的句子。思考：为了写出黄山松的美，作者采用了哪种写作方法？将其批注在句子旁。

3. 重点体会作者"虚实结合"描写景物特点的写作手法。

黄山松的枝条具有异常强大的团结力。狮子林的附近有一株松树，叫作"团结松"。五六根枝条从近根的地方生出来，密切地偎傍着向上生长，到了高处才向四面分散，长处松针来。因此这一束树枝就变成了树干，形似希腊殿堂的一种柱子。我谛视这树干，想象它们初生时的状态，五六根枝条怎么会合伙呢？大概它们知道团结就是力量，可以抵抗高山上的风吹、雨打和雪压，所以生成这个样子。如今这株团结松已经长得很粗、很高。我伸手摸摸它的树干，觉得像铁铸的一般。即使十二级台风，漫天大雪，也动弹它不了。

（1）用"_____"画出语段中写实的句子，用"～～～～"画出虚写的句子，这样的写法叫作_____。这样写的好处是_____。

（2）小练笔：读一读"我想象着它们初生时的状态""可以抵抗高山上的风吹、雨打和雪压"，把你的想象或感受写下来。

_____

_____

（3）抓住你喜欢的某一景物，用"虚实结合"的方法写出它的特点。

_____

_____

巧用语言

【教学要求】

1. 尝试换位思考，说话有针对性。

2. 注意表达准确、合理、动情。

3. 引导学生在"巧"字上下功夫，并体会语言表达的成就感。

【教学重难点】

1. 通过名人巧用语言的故事导课，激发学生探讨语言技巧的兴趣。

2. 通过创设情境，让学生在表演中展示效果，体会"巧"字的妙用。

【教学过程】

一、激趣导入

汉语是一种博大精深的语言。说话是有讲究的，它可是一门高深的学问和艺术。今天，我们就来学习口语交际——巧用语言。

1. 首先，让我们先来听一个关于周总理的故事吧，让我们一睹周总理的语言魅力！

出示课件：师讲故事。

有一次，一位美国记者在采访时，无意中看到周总理手里使用的是一支美国产的派克牌钢笔，那位记者立刻带着讽刺的口吻问道："请问总理阁下，你们堂堂的中国人，为什么还要用我们美国产的钢笔呢？"周总理听后，深知这话别有用心，于是风趣地说："谈起这支钢笔，说来话长，这是抗美援朝胜利后一位朝鲜朋友送的。当时我不想要，朋友说这是缴获的战利品，拿去做个纪念吧！我觉得有意义，就留下了这支贵国的钢笔。"美国记者一听，立马哑口无言。

2. 谁来说说，这样的语言"巧"在哪里呢？

3. 师小结：是呀，什么叫作搬起石头砸自己的脚？这就是一个典型事例。这位记者的本意是想挖苦周总理：你们中国人怎么连好一点的钢笔都不能生产，还要从我们美国进口？结果周总理说这是朝鲜战场的战利品，反而使这位记者丢尽颜面。

过渡：你看，这样一番轻松的回答，就让一个以胜利者自居的形象顷刻沦为失败者，真是妙不可言。那么，在我们的生活中，我们该怎样巧用语言呢？

二、在表演中看效果

1. 除夕之夜，一家人围坐在一起吃团圆饭，小表弟失手打碎了一个碗，姑妈板着脸准备训斥他。其他家人会怎么劝解呢？

师：那么，我们现在来观看第一个场景：除夕之夜，一家人围坐在一起吃团圆饭，本是多么高兴、喜庆的事啊！可是小表弟却失手打碎了一个碗，多扫兴啊！姑妈板着脸准备训斥他。但作为家人该怎样劝解呢？

（1）作为小主人的你会怎么说？

（姑妈，没事的，小孩子嘛！）

（2）妈妈会怎么说？

（没事没事，打发打发！）

（3）作为长者的奶奶，又会如何劝解呢？

（岁岁平安，岁岁平安！吃饭吃饭！）

师：你认为哪种劝解最好呢？当然，妈妈和奶奶说得都不错，都用谐音巧妙圆场，如打碎的碎同一岁的岁，岁岁（碎碎）平安，打发打发，表示发财呀。你看，巧用谐音，既安慰了姑妈，又安抚了孩子，还表达了一种美好的祝愿！谁不愿听呢！

2. 家里在经济上遇到困难，爸爸或妈妈整日唉声叹气，家中笼罩着一层阴云。作为孩子的你，该如何劝慰呢？

（引导学生换位思考，要表现得"患难与共"，给予精神上的支持，慰问语的重点是关心、体贴与疏导）

妈妈，大雨后必会天晴。相信困难只是暂时的，只要我们一家齐心协力，一定会战胜困难。

3. 考卷发下来后，同学们来询问你的成绩，而你已经知道自己是全班第一名。这时候，你怎么回答呢？

（体会对方的心情，说话宜含蓄）

成绩不重要，关键是要有信心。只要努力，相信你们会取得更好的成绩。

三、在切磋中共同受益

说说你在什么情况下会有表达困难。大家一起讨论交流，帮你出出高招吧！

四、小结

对，语言就是那么奇妙，只要你机智、幽默地巧用语言，既可以帮助我们消除尴尬，及时圆场，又可以折射出关爱，更能反败为胜。相信在不断的训练和实践中，我们一定也会成为能言善辩的人。

心中的偶像

【设计目的】

1. 充分开发语文学习资源，培养学生搜集和处理信息的能力。

2. 积极主动地进行口语交际，培养学生良好的听说心态和语言习惯。

3. 认识"崇拜偶像"和"狂热追星"的区别，培养学生初步的是非判断能力。

【教学重难点】

1. 区别"崇拜偶像"和"狂热追星"，以平常的心态看待偶像，树立健康高尚的情操，培养积极良好的个人爱好和情趣。

2. 学习搜集、筛选信息的方法。

【教学准备】

1. 学生课前搜集不同年龄、不同职业的长辈心中的偶像。

2. 多媒体课件。

【教学过程】

一、渲染气氛

每个时代的人都有自己的精神偶像。在偶像身上，闪烁着时代的光芒。什么是偶像呢？对，偶像就是被崇拜的对象！现在，我们就来谈谈你对偶像的看法。

二、课堂调查

1. 心目中有偶像的请举手。

2. 谁来说说，你心中的偶像是谁？你为什么喜欢他？

生：我心中的偶像是海伦·凯勒，我刚看了《假如给我三天光明》，她才 19 个月就因病致残，成了一个又聋又哑又瞎的孩子。可是，就是这样一个孩子，她克服了重重困难，成了哈佛大学的第一个盲哑大学生，而且还成就了自己，成了著名作家、教育家、社会实践家。

生：我的偶像是航空英雄杨利伟叔叔，他为了祖国的航天事业，承载神舟五号，创造了我国航天史上第一次载人飞船上月球的奇迹。他是我们的骄傲！

三、汇报采访

1. 师：是的，我们都有自己心中的偶像，学习他们的精神，启迪我们的人生。现在，我们来汇报一下采访情况：我们身边不同年龄、不同职业的长辈，他们心中的偶像分别是谁？为什么崇拜他呢？

2. 生汇报。

生：我心中的偶像是张海迪，喜欢她身残志坚的精神。

生：我的偶像是海伦·凯勒，我正在看她的《假如给我三天光明》。她十九个月就因疾病而成了一个又聋又哑又瞎的孩子，但是她没有放弃，克服重重困难，成为哈佛大学第一个盲哑大学生，真令人佩服！

3. 通过调查、分析，你是否对"偶像"有了新的认识？

师小结：在社会生活的领域里，从社会道德楷模到个人爱慕的对象，从学习其精神到模仿其造型，在不同年龄、不同职业的人的心中，偶像各不相同。但无论怎样千差万别，偶像都是这样一群人：他们广为人知，并成为许多人效仿的对象，他们的某种特质曾经或正在影响着这个社会的无数人，人们以疯狂或理性的方式喜爱、学习、怀念他们。

四、讨论交流

1. 在我们的生活中，也出现了许多狂热的追星族，请谈体会。

2. 讨论交流："崇拜偶像"和"狂热追星"是否有区别？

师小结：追星无可厚非，关键是以什么样的心态看待偶像、学习偶像。一个人的真正内涵，在于其知识、修养和对社会做出的贡献。值得我们学习和崇拜的是那些对事业、对人生执着追求和不断进取的优秀人物——只有他们才有资格成为我们真正的偶像。

抓特点　写具体

——县小学六年级写人作文复习研讨课教案

【教学目的】

1. 学生学会使用具体的情境写人，掌握通过人物的外貌、动作、语言、神态表现人物性格、塑造人物形象的方法。

2. 培养学生认真观察的习惯，养成总结写作方法的习惯。

3. 培养学生写作的好习惯。

【教学重难点】

教师传授学生将印象深刻的人物写活、写好的方法，给读者也留下深刻印象。

【教学安排】

一、游戏揭题：猜一猜，抓特点

1. 我们先来做个游戏。这是欧阳老师从同学们作文中摘录的写人片段。谁来猜猜：片段中描述的人物，是我们班的哪一个同学或老师？

（1）指名读一读。

（2）指名猜一猜。

（3）其间同学们可提问。

2. 小结：刚才，为什么对于第一个片段的描写，同学们一下子就猜出来了，而对于第二个片段的描写却猜不出呢？

（1）指名说一说。

（2）师小结：是呀，因为第一个材料抓住了人物突出的个性特征来写，比如说抓住了人物爱做的动作、爱说的话、长相等方面与众不同之处，其走路时别具一格的姿势给我们留下了深刻的印象，一下子就让我们猜出来了。而第二个材料描写得过于大众化，人物的特点一点也不突出，令读者无法猜测。这两个片段告诉我们，写人的时候一定要抓住人物的典型特点来写。

3. 大家再猜猜：这节作文课上，老师将复习跟什么有关的内容呢？写人的文章我们读过、写过很多了，可以写自己熟悉的人、敬佩的人，其中不乏亲朋好友，当然，也有和你只是一面之缘的陌生人。只要是给我们留下了深刻印象的，我们都可以根据需要，使其成为笔下的素材。但是，请你们一定要记住，世界上没有完全相同的两片树叶，自然也没有完全相同的人。众所周知，人物的外貌、神态、思想、性格千差万别。接下来，我们一起研究如何抓住人物的特点，把材料写具体。（板书课题）

二、感悟方法，学习选材

1. 师问：谁来说说文中的"我"有什么特点？让我们走进名著《水浒传》，再次感悟花和尚鲁智深这个英雄好汉的特点。打开课文《鲁智深倒拔垂杨柳》。

（1）自读课文，说说鲁智深是一个怎样的人。你又是从哪些句子中体会到这些特点的呢？（武艺高强、疾恶如仇、粗中有细、力大无比）

（2）交流汇报，体会表现手法。

装扮描写：僧人见他挎着戒刀，提着铁禅杖，背着大包裹，有些怕他，便上前问："师兄从哪里来？"

心理描写：鲁智深粗中有细，心里早就怀疑："这伙人不三不四，又不肯上前来，莫非想捉弄我？这倒是虎口拔牙！"

动作描写：鲁智深不等他俩沾身，早飞起右脚，腾地把李四踢下粪坑；张三正想跑，又飞起左脚，将他也踢了下去。

只见鲁智深走到树前，把外衣脱掉，右手向下，左手抱住上截，把腰一挺，那杨柳树便连根拔起。

神态描写：鲁智深哈哈大笑，命令小喽啰们把他俩拉出来。

语言描写：鲁智深说："你们这二三十人算得了什么，就是千军万马，俺也敢杀进杀出。"

侧面描写：无赖们见了，一齐拜倒在地，惊叹不已："师傅不是凡人，是真罗汉，如果没有千万斤的力气，怎能拔得起这杨柳？"

众人看了，大吃一惊，说："两臂没有水牛的力气怎能使得动？"鲁智深把禅杖握在手中嗖嗖地舞动，毫不费劲，众人看了齐声喝彩。

（3）师小结：表现人物的方法有很多，比如说可以抓住人物的语言、动作、神态、心理，也可以从侧面烘托，或在对比中体现人物的特点，如此一来，人物的个性就会鲜活起来。

2. 师问：文中通过哪两件事来表现鲁智深的特点的呢？从选材来看，可以看出什么特点？（典型、突出了中心）

典型事件：制服众无赖和倒拔垂杨柳。

师小结：写作文时，我们应该围绕中心，即一个人的突出品质和特点去选材，同时要求所选的材料必须是典型事件，只有这样，才能做到"窥一斑而见全豹""人无我有，人有我优"。

3. 出示幻灯练习：如果写李明同学乐于助人的好品德，选择下面哪些事件来描写比较恰当？为什么？

①李明主动担负起保管教室钥匙的任务，每天最早来，最晚走。

②小红春游时点心袋丢了，李明把自己带来的点心分一半给小红吃。

③同桌考试时作弊，李明发现后立刻报告老师，老师教育了那位同学。

④李明主动帮同学解答数学难题。

（1）看题。

（2）交流、汇报。

（3）师小结：所选材料必须围绕中心来进行。否则，即使所选事件再典型，我们也要大刀阔斧地砍掉，不然，我们的作文就跑题了，中心也就不突出了。

三、指导习作：写具体

师：要把典型事件写具体，我们着重要抓住什么描写呢？（细节描写）那么，人物的细节描写通常包括哪几个方面呢？（语言、动作、神态、心理……）

1. 请听一则笑话，再次感悟语言描写要符合人物身份。

下雪天，财主邀县官和秀才到家中饮酒赏雪，酒足饭饱，财主提出，以雪为题，每人念一句诗。秀才说了一句："大雪纷纷落地。"旁边戴乌纱帽的县官马上接了一句："全是皇家瑞气。"财主笑着说："下它三年又何妨。"这时，一个穷人正好路过，一听就生气，嘟哝了一句："放你娘的狗屁！"

这个笑话告诉我们：人物的语言必须要符合人物身份。

2. 再听个故事，了解语言描写必须突出人物的特点。

俄罗斯著名的寓言作家克雷洛夫的皮肤生得较黑，偏偏他又喜欢穿黑衣服。一天，他遇到两个穿得花里胡哨的公子哥儿。其中一个见到克雷洛夫就对他的同伴说："看哪，飘来一朵乌云！"克雷洛夫应声答道："怪不得青蛙高兴地叫了！"

这个故事告诉我们：人物的对话要注意什么？（话不在多，能表明人物特点就行）这里虽然只写了克雷洛夫一句对话，但已把他机敏过人、风趣幽默、语言辛辣的个性特点表现得淋漓尽致。

3. 综合训练：我们再来看一篇短文。

第一次抱老虎

在我 11 年的人生道路上，有过很多的第一次。如第一次做菜，第一次骑马，第一次表演，第一次……但是我觉得这些都很平常，要说比较特别的一次呢，就要数它了——第一次抱老虎。

那是在我上一年级的暑假里，我和妈妈等人一起去了上海野生动物园玩。下午，我们吃过饭就在动物园里逛。逛着逛着，我们来到了动物拍照区，那里面有好多动物。我四处张望着，看见在草地边的一根长凳上坐着一只可爱的小老虎。旁边写着"与老虎拍照"。我看了心里想：嗬，这倒有点意思，不如我去拍吧。我把想法告诉了爸爸。他答应了。

我走到小老虎的面前，壮着胆子去抱老虎。我刚伸出手去抱，谁知，它竟叫了一声，等它不叫的时候，我才前进一些路，又伸手抱起了它。这时，我的心跳得厉害，生怕它来咬我一口。"虎呀，你是世上最最可爱最最最温柔的虎，你可不能反咬我一口呀！"尽管我这样紧张，小老虎还是在我怀里一动不动，好像在说："不用怕，我是只温顺的小老虎，不会咬你的。"我觉得这只虎简直太可爱了。只见一道亮光闪过，拍照完毕。

我依依不舍地放下了它。随着大人们走了。其实，我觉得老虎呀，狮子呀，并不是什么可怕的动物。只要你不去伤害它们，它们也许就不会来伤害你。你瞧，我与它们接触了一次，就喜欢上它们了。

（1）看后讨论：跟同桌讨论一下，本文有什么缺憾？缺憾在哪里？

提示：抱老虎是重点，但只占全文的三分之一，显然不够具体。问题就在此：老虎怎么能抱呢？初去抱虎时的胆怯是怎么克服的？它叫了一声，我又是怎么表现的？抱在怀里拍照的复杂心情又是怎么样的？这些小作者都只是浮光掠影地写了一下。

（2）修改意见：我们看看："走到小虎面前，壮着胆子去抱。"为什么要壮胆？同学们会联想到什么？小作者又是怎样为自己壮胆的？大家又会联想到什么？想到这儿，胆子就大了！

"我"伸手去抱它的时候，它叫了一下，难道我会原地不动？请同学们想象小作者当时会有什么反应？爸爸说："别怕，它不会咬人的，你看它牙齿那么短，能有多大的杀伤力呀！"在爸爸的鼓励下，我才又前进了一些路。

这样就写出了心理内容，文章就具体了，重点也就突出了。

四、学生练习写片段

后悔

教室里班长正在发新书，我发现他把一本书藏在了怀里，非常气愤，便跑过去跟他理论。谁知不管我怎么说，他就是一言不发，同学们听了我的话也议论纷纷。后来，老师找他谈了话。我很得意。上课了，老师对我们说明了真相，我羞愧地低下了头。

五、展示学生片段，讨论交流

六、小结

【板书设计】

抓特点	会选材	写具体
外貌		语言
爱好	围绕中心选材	神态
性格		动作
品质		心理

《多彩的我》作文教学设计

【教学目标】

本次作文写的是话题作文，是写人的练习，要让学生准确地把握自己的性格特点，用一两个典型的事例来表现自己的性格特点。习作中注意用个性化的语言表现自己的性格特点，拟出新颖、紧扣中心的标题。

【设计理念】

充分利用课内外学习资源，引导学生挖掘自己的性格特点，通过交流与自我认识，写出性格特点。根据新课程理念："写作教学应贴近学生实际，让学生易于动笔，乐于表达。"本次习作教学，着重指导学生通过具体的事例，来写自己的性格特点。同时，作为六年级人物性格作文教学，还要适当地进行语言个性化的指导（文章色彩：幽默的，活泼的，忧伤的……）俗话说"题好文一半"。所以，本次习作教学，要重视提升学生拟题的能力，在课堂上，围绕学生能写出吸引眼球的题目进行指导。

在习作讲评中，借用"美容"这一形式，设计了"眼部美容"（拟题）、"形体美容"（内容）、"皮肤美容"（语言）三个环节。紧紧围绕习作要求，运用自评、互评、师评、集体修改等多种形式，通过充分地发现学生习作中的亮点，进行放大展示。

从学生的精彩点评、老师关键时的点拨，延伸为思想上的交流，实现了掌握习作技巧的目标。要让学生跳一跳就能掌握习作要求，还要为学生创设了一个轻松、和谐的绿色心理空间。

【教学重点】

1. 用一两个具体生动的典型事例刻画自己的性格特点。

2. 用个性化的语言表现文章的个性色彩。

3. 为文章取一个新颖的、个性化的题目。

【教学难点】

指导学生用个性化的语言写出人物的性格特点。

【教学准备】

课件、互动小卡片

【教学过程】

第一课时：习作指导课

一、谈话导入

1. 早就听说三完小的同学聪明活泼，尤其是我们六（1）班的同学，勤学好问、多才多艺，在临近毕业时，还有机会为你们上一堂习作指导课，欧阳老师感到非常荣幸。

2. 你们的属相是什么？十二生肖这些动物的最大特点是什么？请同学们举手描述。

3. 动物都有自己的特点，何况人呢？你们的班主任是谁？又有什么性格特点？把掌声送给老师。

二、指导过程

1. 你想了解自己的性格特点吗？让我们玩一个拼图游戏吧。请你用一两句话说说自己的性格特点，可以试着使用上面这些词语。

出示课件：性格特点。

2. 学生说后，教师描绘特征，相机出示动画人物形象：

樱桃小丸子、加菲猫、柯南、唐老鸭、超人、蓝猫、史努比、米老鼠。

活泼可爱、好吃懒做、聪明机智、容易冲动、打抱不平、勇敢勤奋、懒惰贪玩、聪明幽默、无忧无虑、胆小贪玩、自信善良、稀里糊涂、勇敢热心、充满幻想、固执好奇、快乐、善解人意、喜怒无常。

3. 师小结：同学们的性格如此丰富多彩，那么，怎样让别人牢牢记住自己的性格特征呢？（板书：多彩的我）

4. 过渡：我们先来欣赏片段《逞能的我》（出示课件）。

（1）文章写了一件什么事呢？（爬水塔）

（2）那么，我们从哪些词句中看出小作者非常逞能呢？（相机板书：语言、动作、心理……）

（3）师小结：你看，这篇文章的中心非常明确，作者围绕逞能这个中心，不断选取典型的材料，主要抓住了语言、动作、神态和心理描写，作者的性格特点就跃然纸上。

5. 文章的感情色彩怎样呢？其实，语言的风格就是文章的感情色彩。不同的文章有不同的感情色彩，给人的感觉多种多样。

我们来欣赏三个片段，请听第一个片段。

片段一：事到如今，我不能再隐瞒下去了

师：大家为什么笑？你们看出他是一个怎样的孩子？这段文章的感情色彩是什么？（幽默、乐观、风趣）

片段二：现在的我依旧美丽

（1）听完这段文章，你的感觉是什么呢？

（2）这段文章的感情色彩是忧伤的、多愁善感的。

片段三：我出生于 1996 年

阅读这段文字，你们的感觉又如何呢？（很活泼，与老鼠非

常符合)

师小结：是呀，幽默的语言，活泼生动的语言，淡淡忧伤的语言……都是文章的感情色彩。不同的语言风格，使得文章的感情色彩也各具特色。

6. 指导取题：

（1）你爱上 QQ 吗？透露一下你的 QQ 名。

师小结：给你的 QQ 取一个新颖的标题，就一定会提高你的点击率。

（2）其实，作文取题也一样，我们一起欣赏几个标题，说说你喜欢哪一个？为什么？

《做一只偶尔流泪的蝴蝶》《冲动挡不住》

《"老鼠"的故事》

师小结：题目可以写得像一句诗，也可以是一句广告语……只要取得新颖、醒目、有个性，就能紧紧地抓住读者，吸引读者，使人眼前一亮。

三、出示习作要求

师过渡：知道同学们善于表现自己，那就让我们独具匠心，经营好这篇习作——多彩的我，请认真领会习作要求（出示课件）：

1. 为文章拟一个吸引眼球的题目。

2. 用具体生动的事例把自己的性格特点刻画出来。

3. 用个性化的语言展示自己丰富多彩的内心世界。

【板书设计】

多彩的我

事 { 语言
心理活动
动作

第二课时：习作讲评课

一、听"广播"，明确习作要求

请听，我们三完小的广播站开始广播了。

出示课件：三完小习作美容中心开张了，本中心提供以下服务：

"眼部美容"：为文章设计一个新颖的标题。

"形体美容"：用具体生动的事例刻画自己的性格特征。

"皮肤美容"：用个性化的语言表现文章的色彩。

我们热忱欢迎您的光临。

二、美容鉴定

师："我"是美容中心的顾问，你想不想给自己的习作进行美容呢？太想了！我们先来做一个美容鉴定（出示课件：美容鉴定）。

对照美容要求，说说你的习作有哪些不足，需要进行哪方面的美容？指1.2个学生说一说。（返回习作要求）

三、"眼部美容"（拟题）

师过渡：让我们一起进入美容中心，给我们"心灵的窗口"——"眼部"进行美容。

1. 个性标题展示（随机点评）：请欣赏这些标题，命题者都是这次习作的最佳"眼部"美容获得者哟。瞧瞧，你最喜欢哪个标题呢？为什么？

2. 出示待改标题，请学生评。

3. 师小结：告诉你们一个眼部美容的秘诀，给文章命题就要追求新颖，要紧扣中心。（随机板书）

四、"形体美容"（内容）

（一）集体修改

1. 你的形体属瘦肉型还是膘肥型呢？让我们一起来诊断，一起来美容吧。

2. 谁来说说，你最大的特点是什么？豹头、蛇尾、豆腐腰……莫笑！谁来说说文章的骨架、血肉呢？（请两生说）

3. 重点评析：《我的地盘我作主》

要求：一边念一边评。

（1）题目：标题取得怎样？生：广告词。

师小结：用一个广告词作题目，很新颖。（板书：新颖）

（2）一自然段，开头怎样？师在上面修改，标注重点。（开门见山）

（3）生念，师问：读这一段有什么感受？他是怎么写出来的？（动作）

（4）你从哪个词看出刘欣老实的？（逐文分析重点词语）

（5）师小结：对待同学要冷静，要用更文明的方式。

（二）自己修改

刚才，我们为周念的习作进行了美容，她的文章是不是更流畅、更生动、更具体了？现在，大家根据刚才的方法，给自己的习作进行自我美容吧。

出示课件：为自己的习作美容时，想一想：

1. 你发现自己的习作有哪些问题？

2. 划出你认为最满意的词语和句子。

（三）"形体"展示（精彩片段分享）

1. 请最佳形体美容得主分享"精彩片段"。

2. 你觉得怎样呢？师板书：具体、生动、真实。

3. 自评：你的感觉如何？（很自信）

五、"皮肤美容"（语言）

1. 我们要开始"皮肤"美容了。请同桌交换习作，用欣赏的目光去探索个性化的句子，一一画出来。

2. 指名汇报：你推荐谁的？请亮出来分享。（大家找得真认真、真准）

六、总结

这节课，老师送了一套美容术，有趣吗？喜欢吗？希望若干年后，你们依然记得欧阳老师，记得这堂美容课。希望你们在以后的日子里，天天美出文章的精彩！

【板书设计】

多彩的我

事情	"眼部"	新颖、紧扣中心
语言、动作	"形体"	具体、生动、真实
神态、心理	"皮肤"	个性化

《妈妈睡了》教学设计

第二课时

【教材分析】

《妈妈睡了》这篇课文，以一个孩子的口吻，叙述了午睡时的所见所闻所感，描绘了一幅宁静温馨的画面：哄孩子午睡的时候，妈妈先睡着了，她沉沉地睡着，呼吸是那么均匀。孩子静静地看着熟睡的妈妈，看得那么投入，那么动情。课文表达的是母子之爱：孩子爱妈妈，通过孩子直接观察妈妈来表现；妈妈爱孩子，通过孩子观察时的想象反映出来，字里行间流露出深切的母子情。

【学情分析】

有一种爱，能洞穿人生的铜墙铁壁；有一种付出，即使付出生命也在所不惜。这就是母爱！本文以一个孩子的所见所闻所感，透出厚重的母爱，语言朴实，情真意切，是一篇对学生进行关爱父母、感恩父母的好教材，因此，教学中要做到：

1. 着力营造母子情深的"爱的氛围"，引导学生走进文本，感同身受，体味亲情的美好。

2. 以爱召唤爱。引领学生走进自我，体味现实生活中无微不至的亲情，学会感恩，懂得回报。

【教学要求】

1. 学习用普通话正确、流利、有感情地朗读课文。

2. 理解课文内容，说一说睡梦中的妈妈是什么样子的。

3. 感受睡梦中妈妈的美丽、温柔和辛劳，体会妈妈与孩子之间美好的爱。

【教学方法】

1. 学生反复诵读，借助插图展开想象，深刻理解课文的情感。

2. 展开小组讨论，对课文的思想内容及情感进行分析。

3. 引导学生进行课外阅读，增加学生阅读量。

【情感、态度与价值观】

感受母爱，懂得关爱父母。

【教学重难点】

理解课文重点词语的意思，体会母子之间的感情。

【教学过程】

一、复习字词，自然导入

1. 昨天，我们从《妈妈睡了》的字里行间，感受到了母子情深，还不够，还要拓展、延伸，齐读课题。嘘——不要把妈妈吵醒了哟！再读一次。师评价：真是一群体贴妈妈的孩子！

2. 复习生字、生词。

师：看，生字、生词宝宝出来考大家了。谁能找出两个后鼻音的字呢？找得真准。一起读。

师：后鼻音的字特别多，哪个小老师来带读？（读得真准！）

师：又到摘苹果游戏了，准备好了吗？比一比，谁读得又快又准。

师：这些词语会读吗？我们来开火车吧！火车火车开起来，一开开到我这里来。火车开得真顺利！我们再来齐读一遍。

师：这两个字都读什么？我们读的时候有什么要求呢？师带读短语，注意把"的地"读得轻而短。

二、读中感悟，体会深情

1. 整体把握课文内容

（1）师生合作读课文，边读边思考：妈妈在哄我睡觉时自己却先睡着了，而且睡得好熟好香，睡梦中的妈妈什么样子呢？

（2）读完，指名汇报。请用横线画出来。

师：谁来说说睡梦中的妈妈什么样呢？我们用横线画一画。相机板书。

①睡梦中的妈妈真美丽。

②睡梦中的妈妈好温柔。

③睡梦中的妈妈好累。

过渡：你最喜欢妈妈睡梦中的哪个样子呢？

2. 学习第 2 自然段：感受睡梦中的妈妈的美丽

（1）仔细看图：你从哪儿看出睡梦中的妈妈很美丽？

（2）指名读第 2 自然段，思考：文章怎样描写睡梦中妈妈的美丽呢？评价朗读情况。再汇报。（明亮的眼睛、弯弯的眉毛、红润的脸）

（3）学习带"的"字的短语。

出示课后第二题，请学生拓展练说。

（　　）的眼睛　　　（　　）的头发

（4）品句子，感受写法的生动。

出示句子：弯弯的眉毛，也在睡觉，睡在妈妈红润的脸上。

师：这句话写得太生动了，谁来说说采用了什么修辞手法？你是从哪个词语知道的？你体会到了什么？

（5）师总结：是的，妈妈睡得很香，"睡觉"一词用得真好！

写出了就连眉毛也安安静静，进入了甜甜的梦乡。

（6）妈妈熟睡中的样子实在是太美丽了。谁来？用朗读的方式夸夸美丽的妈妈呢？指生评价朗读。嘘，不能太大声，吵到妈妈的美梦哟！齐读。

3. 学习第3自然段：感受睡梦中的妈妈的温柔

（1）联系生活，感受"温柔"。请学生说说自己妈妈温柔的事例。

过渡：你还喜欢睡梦中妈妈的什么样子呢？你能说说自己妈妈温柔的事例吗？

（2）理解妈妈温柔的表现，指导朗读。

出示句子：是的，她在微微地笑着，嘴巴、眼角都笑弯了，好像在睡梦中，妈妈又想好了一个故事，等会儿讲给我听……

师：睡梦中的妈妈好温柔。你是从哪里看出来的？我们一起来学习第3自然段。齐读。

师：指导把"等"字读正确，读好后鼻音。读好词语"等会儿"。

师：思考交流：读到哪里，你觉得妈妈很温柔呢？从哪些地方体会到的？从"嘴巴、眼角都笑弯了"可以看出。

师：孩子看到妈妈微笑着，为什么就会想到妈妈又想好了一个故事呢？（从这一句话推测出妈妈平时经常给孩子讲故事）

师：想象说话：想想妈妈在睡梦中微笑着，她还会想到什么呢？理解省略号。

师：连在睡梦中都想给孩子讲故事，你觉得这是一个怎样的妈妈呢？（说明妈妈非常爱孩子）板书：画爱心，写上妈妈爱孩子。

师：妈妈这样温柔，这样关心孩子，这一段该怎样读？（轻

点柔点）女生男生配合读，读出妈妈温柔美好的感觉，体会妈妈对孩子的爱。（评：读得真好！让我们感受到了深深的母爱）

4. 学习第 4 自然段：感受睡梦中的妈妈好累

（1）指名读第四自然段，边听边思考：睡梦中的妈妈好累好累，你又是从哪里看出的呢？指名学生先读，后汇报。（"呼吸那么沉""头发粘在额头上""小鸟唱歌的声音、沙沙的声音听不到"，说明妈妈睡得香，干了很多活儿，很累）

（2）师：妈妈这么累，都干了些什么呢？（妈妈洗衣服、做饭、生病照顾我、上班、辅导作业……）

（3）是啊！妈妈多累呀！孩子多想让妈妈好好睡一觉呀。你觉得文中的我又是一个怎样的孩子呢？他真是一个懂事、体贴人、爱妈妈的孩子啊！指名学生读这一句，读后学生评价。（爱意满满，真棒！）

5. 课文写了睡梦中的妈妈的几个样子呢？这三个句子都是每个段落中的哪一句呢？每个段落的后面都是围绕第一句来写的，我们把这样的句子叫中心句。齐读句子。

6. 妈妈这么爱我们，你爱你的妈妈吗？你想对妈妈说点什么？你又想为妈妈做点什么呢？同桌之间说说吧！

7. 你们真是一群懂事的好孩子，那就让我们从今天起，懂得关爱父母，做一些力所能及的事，用行动把自己的爱告诉父母吧！

三、拓展阅读《游子吟》

唐代有一位诗人孟郊，在他准备远行时，他的妈妈一针一线地帮他缝制衣服，生怕他受寒受冻，妈妈的关爱让他没齿难忘，让他深深感动，写下了《游子吟》这首诗来表达对妈妈的爱。我们一起来读阅感受吧。（师稍做指导，让学生说。）

四、总结全文

是呀，妈妈为了家庭，为了我们健康成长，日复一日，年复一年地操劳，可她却无怨无悔，我们多么幸福啊！妈妈多么值得我们去爱呀！让我们一起歌唱《世上只有妈妈好》，再一次感受妈妈的爱吧！

【板书设计】

妈妈睡了

真美丽　　好温柔　　好累

母子情深

《荷花》教学设计

【学习目标】

1. 会认 3 个生字，会写 12 个生字，能够理解"莲蓬""饱胀""挨挨挤挤""翩翩起舞"等词。

2. 正确、流利、有感情地朗读课文，背诵课文的 2~4 自然段。

3. 反复朗读文中描写荷花的句子，加上适当的想象，感受荷花的美丽，学习作者用优美的语言描写荷花。

4. 培养自己热爱大自然的感情，提高审美情趣。

【学习重点】

有感情地朗读课文，理解课文内容，感受荷花的美丽，体会作者丰富的想象。

【学习难点】

培养热爱大自然的感情，提高审美的情趣。

【课前准备】

生字卡、教学课件

【课时安排】

2 课时

【第二课时学习过程】

一、复习导入，直接揭题

1. 复习生字词

还记得上节课欣赏的《荷花》吗，那花瓣、那绿叶多么富有诗情画意。这节课，我们继续观赏她的亭亭玉立、百态千姿。在上新课之前，复习一下生字词，看到红色的字，你有什么发现呢？绿色的字呢？指生说。

开火车读，及时纠音。

齐读生字词。孩子们读得真准！记得真牢！

2. 谁来说说课文主要讲了什么内容呢？请简要概括。

二、研读感悟，品味美丽

1. 学习课文第 2~3 自然段

（1）默读课文第 2~3 自然段，画出你觉得优美生动的语句，说一说：哪些语句让你感受到了荷花的姿态美？你"看"到了怎样的画面？谁来说说？

（2）理解"荷叶挨挨挤挤，像一个个碧绿的大圆盘"。

师："挨挨挤挤"换成"密密麻麻"可以吗？为什么？

师：课文采用了拟人的手法写荷叶，还采用了什么手法呢？写出了荷叶的什么特征？谁来美美地读一读？

这么多挨挨挤挤的荷叶，白荷花是怎样长出来的呢？

（3）理解"白荷花在这些大圆盘之间冒出来"。

"冒"还可换成什么词？（钻、长、穿、顶、抽）哪种效果更好呢？进行对比读。谁来读出它的迅速生长呢？指生读，指生评。

（4）作者还描写了哪几种形状的荷花呢？从哪里看出来的？它们分别是什么样子的？联系实际生活，边读边想象画面。

笔尖上的花朵

（5）除了这三种姿态的荷花，你头脑中还浮现出了哪些姿态呢？

五六片的、七八片的、半开的、大部分花瓣都开了的、刚刚长出花苞的……

（6）荷花真的千姿百态，美丽无比。让我们一起来欣赏这一池美丽的荷花吧！播放视频。

（7）师小结：这么多的荷花，一朵有一朵的姿势。看看这一朵，很美；看看那一朵，也很美。作者是怎样评价这一池荷花的呢？

（8）为什么说这一池荷花是"一大幅活的画"？你是从哪些地方体会到的？

是从第2自然段的描写中体会到的。"荷叶挨挨挤挤的，像一个个碧绿的大圆盘。白荷花在这些大圆盘之间冒出来。有的才展开两三片花瓣儿。有的花瓣儿全展开了，露出嫩黄色的小莲蓬。有的还是花骨朵儿，看起来饱胀得马上要破裂似的。"这些生动形象的描写，不仅写出了荷花的美，特别是"挨挨挤挤""冒""饱胀""破裂"这些富有动感的词语的运用，让静止的画面活了起来。

（9）出示句子：如果把眼前的一池荷花看作一大幅活的画，那画家的本领可真了不起。

师：这个句子把"这一池荷花"比作了一大幅活的画，是多么贴切啊！那画家又是谁呢？（大自然）

师：你看，作者运用比喻的修辞手法，把荷花之美表现得淋漓尽致，也直接抒发了作者对大自然的由衷赞叹。

（10）让我们也一起来夸夸大自然吧！齐读句子。

2. 学习课文第4~5自然段

（1）看到这一池美丽的荷花，作者是怎么想的呢？

（2）现在，让我们闭上眼睛，静静地，静静地，用心听老师范读，去感受荷花的大千世界。

（3）化身为"荷花"的"我"在做什么？又看到、听到、想到了什么呢？

"一阵微风吹过来，我就翩翩起舞，雪白的衣裳随风飘动。不光是我一朵，一池的荷花都在舞蹈。"这句话运用了拟人的修辞手法，写出了荷花的动态美。

（4）省略号表示什么？展开想象的翅膀：如果你也是池中的一朵荷花，蜜蜂、小鸟、青蛙……会来告诉你什么呢？我们一起来补白吧！

（5）再读读第4自然段，说一说：这一自然段运用了什么写作方法？这样写有什么好处？

（6）说一说："我"是不是一朵荷花呢？为什么？

（7）回顾课文，课文是怎样写出荷花之美的？

三、拓展：小练笔

第2自然段写出了荷花不同的样子，仿照着写一种你喜欢的植物。

四、课后作业

1. 有感情地朗读课文，把你喜欢的部分背下来。

2. 观察一种喜欢的植物，做好自己的植物记录卡。

【教学反思】

《荷花》是一篇写景抒情的散文，作者通过对荷花细致的描写，展现了荷花的美丽。在教学中以"我"闻荷花、看荷花、赞荷花、变荷花又回到看荷花的思路来进行教学，让学生在学习的过程中，对文章的脉络有一个清晰的了解。

本文的教学对象为三年级下学期的学生，他们对周围事物有强烈的好奇心，仍以直观形象思维为主，能用口头或图文等方式表达自己的观察所得，喜欢阅读，能展开丰富的想象，获得初步的情感体验，感受语言的优美。

1. 抓住阅读，培养语感，体会"冒"字

《荷花》是一篇十分合适阅读教学的文本材料，许多地方都有着真实的情感流动。教学时，我比较注重学生把握阅读文本，让他们用自己的情感去朗读课文，体会课文。如何有情感地体会课文呢？要求抓住一些重点的词句进行分析、体会、品读、研讨一定数量的词句深入到文本中去。对"挨挨挤挤、冒、露"等具有特点的词语进行分析，体会荷花的形态，在学习"冒"这个词语的时候，我让学生把自己当成荷花。我问学生：荷花，你为什么要冒出来呢？学生有的回答：荷叶挨挨挤挤的，我只能冒出来喵；有的回答：我想早点呼吸到新鲜的空气，看看美丽的天空；有的则回答，我想看看外面的世界……这既是对"冒"这个字的形象解释，也拓展了学生的思维，锻炼了学生的想象能力。

2. 学习第二自然段，用"有的……有的……有的……"的句式，来仿写其他的花

我先让学生熟读课文，看看作者是怎样用"有的……有的……有的……"来描写荷花姿态的，分成了几种？学生很快就归纳出三种：一种是没开的，一种是开了两三片的，一种是全开的。我让学生想象一下，荷花池里除了这三种姿态的荷花，还有没有其他的荷花呢？如果你是荷花，你想怎样站在荷花池里呢？学生的思维洞开：有的荷花低着头，好像一个害羞的小姑娘；有

的荷花仰着头，挺着胸，向大家展示自己美丽的身姿；有的荷花在风中翩翩起舞……到此为止，学生无形之中学会了用"有的……有的……有的……"的句式说荷花。

延伸拓展是教学的重要环节，我让学生张开想象的翅膀：你能说说其他的花吗？也说说其他花的三种姿态，优生们立马举一反三，好几个学困生不知道怎么说。我诱导他们：也可以用替代法，用别的花顶替荷花的位置，那几个思维不开阔的孩子也能够试着说一说了。布置作业的时候，根据学生的层次，拟定不同的学习目标，让其在自己的能力范围内用"有的……有的……有的……"来描写其他的花。

这样，每个学生都得到了锻炼的机会。创设情境，让学生尽快进入角色，可以拓展学生的思维空间，激发学生的思维活力。教学中，我让学生把自己想象成荷花，每位学生就有不一样的体验和感受了。

《听听，秋的声音》教学设计

【教学目标】

1. 会认"抖、蟋、蟀、振、韵"等9个生字。

2. 正确、流利、有感情地朗读诗歌，一边读一边展开想象，从秋天的声音中体会秋天的活力。

3. 能自主运用学过的方法理解"叮咛""歌吟"等词语的意思，能仿照诗歌的形式，续写诗文。

4. 从秋天的声音中体会秋天的美好，引导学生学会细心观察，体验生活中的美。

【教学重难点】

1. 会认"抖、蟋、蟀、振、韵"等9个生字。

2. 一边读一边展开想象，能和同学交流读后的体会。

3. 感悟作者对秋之声的赞美之情。

【教学策略】

1. 识字写字教学

生字教学不能只是反复强调，也要重视识字的生动性和趣味性，如抽象的字或词语可以用图片、动画的方式帮助学生理解。例如，对于"掠"字，就可以用一个小动画让学生理解。

本课的会认字，可以组成词语"抖动、蟋蟀、振动、韵味、掠过、吟唱、辽阔",在进行认读时,可以借助多种方法进行理解。比如,"抖动、振动、吟唱"可分别借助表演的形式理解词语的意思,"蟋蟀"可以通过图片或视频认识、理解词语。

2. 阅读理解

(1)有感情地朗读。

引导学生圈画关键词句、进行批注式阅读和有感情地朗读,通过朗读课文理解作者对秋天里声音的喜爱之情。

(2)读写结合。

学习作者抓住事物特点的方法,如课文中描写树叶飘落的声音"唰唰",蟋蟀振动翅膀的声音"㘗㘗"。秋天就是一个音乐厅,这样的描写生动形象、富有趣味,多积累这样的词语对提高学生的表达能力和写作能力很有帮助。要求:把喜欢的句子抄下来,反复诵读。

3. 学习修辞

作者运用排比的修辞手法,把景物写得更细腻、形象、生动,感情的表述也更丰富,如文中"秋的声音,在每一片叶子里,在每一朵小花上,在每一滴汗水里,在每一颗饱满的谷粒里"就恰当地运用了排比的手法。在学习这篇课文的时候,老师要让学生多阅读,多练说,为以后写句子、写文章做好积累和铺垫。

【教学过程】

一、游戏导入,启发想象

1. 师:同学们,先看几张图片,都画了什么呢?你知道画的是什么季节吗?(多出示几张秋天的图片)

2. 师:秋天不仅美丽,还有很多美妙的声音呢。喜欢做游戏吗?猜猜,我是谁?请大家闭上眼睛静静地听,根据你听到的声

笔尖上的*花朵*

音，说说这是什么发出的声音。（课件播放声音）

3. 师：在作者毕国瑛的眼中，秋天还有哪些声音呢？我们学习第七课《听听，秋的声音》（板书课题）。我们该怎样读课题呢？生齐读课题。

二、欣赏朗读，初步感受诗情

师：看到课题，就勾起了老师读诗歌的欲望，你们想听吗？

师：老师读得怎样？谁来评一评。

师：想亲身感受感受吗？赶快用自己喜欢的方式读读诗歌吧。注意读准字音，读通句子，难读的地方多读几遍。

生自由读诗歌，师巡视指导。

三、检测生字

1. 看看谁是识字小能手，不带拼音，你们能正确读出来吗？开火车。

抖动、蟋蟀、振动、掠过、吟唱、辽阔

2. 带上拼音，齐读词语，注意读准字音。

3. 归类指导：读了词语，你有什么发现吗？

"抖、振、掠"都有相同的偏旁"扌"，和动作有关系；"蟋蟀"的偏旁是"虫"，和昆虫有关系；"叮咛、喇喇"的偏旁是"口"，跟说话的声音有关系。

四、感知内容

师："听听，我们去听秋的声音"，谁能告诉我，你从课文中听到了秋天的哪些声音？你最喜欢哪种声音？喜欢的多读几遍。

生：再读课文，找"声音"。

师：找到了吗？谁来告诉我？

生："喇喇、嚯嚯、叮咛、歌吟"。

师：请用一句连贯的话概括诗歌内容。

生：课文描写了秋天里大自然的一些美妙的声音。

五、读、想、悟，边读边展开想象

1. 师：哪个同学愿意把你喜欢的声音那一节和大家一起分享呢。有喜欢第 3 节的吗？谁来读读？

2. 学习第 3 节：

（1）师读。

（2）体会"叮咛"。你是怎么记住"叮咛"的？"叮嘱"，这是用找近义词的方法来理解的。

师：星期一早上，当你背起书包上学时，妈妈会怎么叮咛呢？

师：联系生活实际说一说。（板书"叮咛"）请大家再来看看"叮咛"这两个字，想想，你还有什么好办法来记住它们。

师：是啊！用嘴巴一遍又一遍地说，反复地说就是叮咛。妈妈的叮咛饱含着对你的关心和爱护。在这美丽的秋天里，大雁也飞往南方过冬去了。临行前大雁又会对它的朋友叮咛些什么呢？（课件）

（课件出示）大雁对（　　　）说："_____。"

生 1：大雁会对小树说："再见，我亲爱的朋友．好好保重，明年再相会。"

生 2：大雁对青蛙说："青蛙，我们明年见。"

生 3：大雁对蚂蚁说："快准备粮食吧，别偷懒，要不，冬天会饿死你。"

（3）师：留在这里的朋友听到大雁的话，一定会感到温暖呀！这时候秋风也来了，秋风掠过田野（课件出示田野图片），看到这景象，最开心的是谁啊？（农民伯伯）

师：秋风又会对农民伯伯说些什么呢？（秋风又会对农民伯伯说："丰收了，丰收了，快到田里收割稻谷吧！"）

师：秋风送给田野一片丰收的歌吟，你能想象此情此景吗？

生1：秋风吹过田野，金黄的稻子笑弯了腰。

生2：秋风吹过田野，火红的高粱涨红了脸。

生3：秋风吹过田野，雪白的棉花刷白了朵朵彩云……

（4）师：我们也来学学大雁、秋风，对我们的同学叮咛一番吧！（齐读）

3. 学习第1节：

（1）有喜欢大树那"唰唰"有声的孩子吗？用你们的感受朗读第一段吧！

（生自由读课文并配上动作）

（2）"唰唰"是黄叶道别的声音，黄叶从树上掉下来，像什么？黄叶对大树妈妈说什么呢？

（3）多美的黄叶啊！大树妈妈听了你的话一定会很欣慰！让我们化身黄叶，跟大树妈妈做最后的道别。

4. 学习第2节：

听听，秋的声音，蟋蟀振动翅膀，"㘗㘗"，是和阳台告别的歌韵。

（多媒体展示秋天落叶图，注意清脆的蟋蟀叫声）

师：谁说一说，为什么喜欢这一节？谁来读读？生自由地读。

师：带着你的想象读一读！

5. 你还在哪儿听到了秋的声音？

（根据孩子们的回答，适时出示"秋的声音，在每一片叶子所里，在每一朵小花上，在每一滴汗水里，在每一颗饱满的谷粒里"，并帮助理解）

引读第 5 节。这是一个什么句呢？连用了几个"在"？

六、仿写诗歌，拓展内容

听听，秋的声音还有许多许多，让我们一起走进每一片叶，每一朵花……去听听它们的声音，并仿照课文第 1~3 节的写法，也来写写诗吧！

生 1："哗哗哗"秋雨快活地下。

生 2："啊哟啊哟"小蚂蚁忙着准备粮食过冬呢！

生 3："呱呱呱呱"青蛙加紧挖洞。

师：我们班的小朋友说得真好，合起来又是一首小诗了。

七、拓展

师：秋的声音多么奇妙！多么动听！让我们带着想象和喜爱，再读一读这首美丽的诗！

八、总结全文

师小结：秋的声音，在大自然中，在我们的生活中，在我们每个人心中。听到这么美妙的声音，让我们不由得爱上秋天，爱上秋天的声音。

《风儿吹呀吹》教学设计

【教学目标】

1. 情感态度价值观：通过观察、游戏活动，激发学生探究的兴趣和愿望，感受大自然的美，培养学生热爱大自然的情怀。

2. 过程与方法：培养学生的观察能力，帮助学生初步学习科学的探究方法。

3. 知识能力：通过观察、探究，引导学生感受风的特点，初步了解风的形成。知道风与人们的生活有密切的关系。

【教学难点】

感受风的不同特征，以及风的产生。

【教学重点】

初步了解风产生于空气的流动。

【学情分析】

风是一个非常抽象的自然现象，既没有颜色，又没有形状，摸不着又看不见。对于一年级的小朋友来说，要理解、感受风的不同特征，以及风产生于空气的流动是一个难点。但是，小学生想象力丰富，好奇心强。对于风，他们有一定的认识，能通过事物的变化发现风，并初步感受风的乐趣。针对学生的这一心理特点及认知起点，设计贴近他们生活的活动，使他们在轻松愉快的活动中既掌握风的相关常识，又得到能力的培养和情感的熏陶，是设计本课教学目标的主要出发点。

【课前准备】

1. 搜集一些可以表现风存在的物品：小手绢、羽毛、扇子、蜡烛等。

2. 搜集风与人们生活有关系的资料。

【教学过程】

一、导入新课（课前板书课题）

1. 哇！老师给大家带来一位新朋友，想知道她是谁吗？竖起你们的小耳朵仔仔细细地听吧！（课件播放"风声"）（学生回答后，教师板书：风）

2. 你们听到了什么？刮大风时，我们能听到呼呼的风声；微风拂来，它像个魔术师，发出的声音也随之变小了，真神奇！老师把风娃娃请到了我们的教室，让它和我们一起学习、一起游戏，让我们更多地去了解它，去感受它给我们带来的快乐和影响吧（画风）。一起读课题——《风儿吹呀吹》。

二、活动一：观察实验，认识风

1. 观察实验，发现现象

师：老师来做一个实验，赛一赛，谁观察得最仔细：刚点燃的蜡烛，火焰是怎样的？后来，火焰发生了什么变化呢？实验步骤：先点燃蜡烛，然后再扇风。

2. 初步认识风的形成

（1）过渡语：小朋友们观察得很认真。刚点燃的蜡烛，火苗直直地向上飘；你们有没有发现，老师扇动扇子时，火苗飘动的方向发生了改变。

（2）烟为什么会左右摆动呢？你们真聪明！

（3）教师点拨：对，火苗摆动之所以改变方向，是因为有风。风是怎样形成的呢？原来呀，我们身边充满了空气，老师摆动手，空气就会在流动时形成风。（板书）

（4）师：让欧阳老师当一回风娃娃，先做个自我介绍吧。

课件出示：这回先知道我是什么了吧？我就是天天和你们在一起的空气，我动一动，一转身就变成风了。呵呵，我是一种流动的空气，所以你们既看不见我又摸不着我。当我流动得慢时，你们不易觉察到；当我流动得快时，你们就很容易觉察到我的存在了。哈哈，我够神奇吧！

三、活动二：寻找风，感受风

1. 寻找风，感受风

师：风娃娃呀特别调皮，一会儿工夫就跑到画中去了，原来它在和我们捉迷藏，你们能找到它吗，又是怎样发现的呢？

师：你能把话说完整吗？（你的话真流畅！你的眼睛真亮！你的耳朵真灵！你真是一个善于发现的孩子！你真是一个爱动脑筋的孩子！连这里也被你发现了，真细心！）

师：同学观察得真仔细！刚才我们用眼睛看，耳朵听，鼻子闻，皮肤去感触等方法去寻找了风。发现风娃娃无处不在。她其实呀，也在我们的身边呢！我们去找一找吧！看谁最有发现？

预设：风藏在窗口的风车那儿！你们看，风车还在转呢；还有窗外的国旗在飘动，说明有风；墙上贴的画报在动；彩带在飘；小女孩的裙子飘起来了；窗帘摆动；风铃在动在响；热茶；开水；爸爸抽的烟；湖面荡起的波纹；气球的摆动；云彩在飘；垂柳摆动……

师：你真是一个有心的孩子！

师：你们的眼睛真亮！连风娃娃也逃不过你们的火眼金睛，她直夸你们是细心观察生活的好孩子呢！

2. 创设情境，激发情感

（1）请听配乐儿歌：《风》。课件出示。

师：哈哈，除了生活中有风，诗歌里也有风呢！让我们一起来欣赏配乐儿歌——《风》。师范读。

谁也没见过风，

不用说我和你了，

当花儿飘落的时候，

风正在和花儿说话。

谁也没见过风，

不用说我和你了，

当树叶飘落的时候，

风正在树下跳舞。

谁也没见过风，

不用说我和你了，

当红旗飘动的时候，

风正向我们招手。

（2）学生活动：这诗写得多美啊！让我们一起来边听音乐，边朗诵儿歌，并加上动作表演吧。来，跟着老师一起来。如：跳舞、招手等。

（3）听完这首小诗，学生谈自己的感受，自由发言。

师：听完这首小诗，你知道了什么？它有颜色吗？它有形状吗？但作者却把风儿写活了！作者展开了丰富的想象！当花儿飘落的时候，她想象成了在和花儿说话，多可爱呀；当树叶飘落的时候，她想象成了风在树下跳舞，多美的画面啊！当红旗飘动的时候，她又想象成了什么？（招手）真有礼貌啊！

（4）让我们一起来学写小诗，进一步感悟风的美吧！师做动作带着孩子写诗。

（5）小结：风啊既没有形状，也没有任何颜色，她摸不着看不见。但是我们到处可以感觉到风，可以感受到大自然中风的美丽，可以感受到风给我们带来的快乐。

四、活动三：听《风娃娃的故事》，议论风的作用

1. 师：风娃娃不仅和我们捉迷藏，还为人类做了很多事呢！我们一起来看《风娃娃的故事》，比谁看得认真。（出示视频）

师：看了故事，我们知道，风娃娃为我们做了很多事。有的事呀，人们非常满意，有时却是好心办了坏事。那么，故事中的风娃娃到底为我们做了哪些好事呢？（帆船行驶、放风筝、推船）

师：我们再来欣赏一段视频，看看还能怎样利用风吧！

师：那么，在平时的生活中，我们又是怎样利用风娃娃的呢？

想想：天热得我们满头大汗，烦躁不安时，我们是怎样利用风的呢？当衣服、头发等湿的时候；过生日吹蜡烛时，野炊火灭了时；当风和日丽，风又是怎样给我们带来了快乐呢？告诉大家，风还可以帮蒲公英传播种子呢！风把种子吹到哪里，它就在哪里生根发芽，哪里就成了蒲公英的家了。风还可以传播花粉呢！有了它的帮忙，花儿就可以结果，我们才能吃到各种各样的瓜果和粮食呢。

2. 师：风娃娃呀，本事可真大！它给我们带来了快乐的生活。不过，风娃娃有时也会发脾气，给我们人类呀带来了麻烦和灾难。你知道吗？

师：我们先来看一些图片（出示图片），这是什么？师介绍其危害。

这就是龙卷风，龙卷风所到之处，树木将被齐刷刷拦腰折断，车子房子将毫不留情地被卷入空中。沙尘暴是一种恶劣的风沙天气，铺天盖地而来。发生时，飞机、火车和汽车被迫停运；台风会吹倒房屋，拔起大树，掀翻船只，造成人员伤亡。海啸掀起万丈波澜，冲过海岸，卷走汽车、房子、城市将被摧毁。

师：我们再来看一段来自日本的真实报道吧。（出示视频）看了日本海啸"惊魂时刻"视频后，你们觉得它害怕吗？为什么呢？

师：对，实在是太可怕了！那我们用什么办法可以让它不再发脾气呢？（不再乱砍滥伐，保护环境，植树造林，形成防护林，阻挡风沙）你知道3月12日是什么日子吗？（植树节）

师：你们的知识啊真丰富，你们真是爱护环境的小卫士。

小结：是呀，"风"是大自然送给我们最美妙和神奇的礼物，既可以给我们带来愉快和便利，也会给我们带来麻烦甚至灾难。让我们学会保护环境，学会利用风能造福人类，让风娃娃永远成为我们的好朋友吧。

五、布置任务

1. 课下继续寻找风。

2. 准备好做小风车的工具和用品。

【板书设计】

风儿吹呀吹

流动　　　　　　　　利用

空气————————风————————人类

小学低年级作文坡度练笔浅谈

作文是书面语言活动的一种高级形式。面对当前小学作文教学"学生怕写，老师怕改"的状况，推广杨初春老师的快速作文教学，不仅提高了学生的写作水平，而且推动了整个语文教学改革。但是，长期以来，小学作文教学依然存在着重理性分析轻整体感悟，重短期突出轻全程渗透的问题。尤其在低年级，作文教学几乎没要求，写与不写，写些什么，该怎么去写，这些至关重要的方法均带有较大的随意性。而到了中年级，却对没有经过比较系统的作文训练，没有多少作文基础的学生一下子提出了相对过高的要求：立意要高、中心要明、内容要具体、语言要流畅，孩子们一下子无所适从，只得借助于模仿或抄袭。这样一来，那些在幼儿园和刚进小学校门时能说会道的"小机灵"，到了四五年级反而成了一些"恐文症"患者了。鉴于以上情况，我把上海市浦东新区菊园实验学校推广的"小学低年级作文坡度练笔"与杨初春老师的"快速作义教学"结合起来，其坡度练笔正好弥补了快速作文中"基础训练"过程缺陷，使整个小学作文教学形成了一套比较完整、实用的教学模式。

一、低年级坡度练笔的要求

1. 一年级以写好一句话为主，二年级训练句群，将作文教学的阵阵骤雨化为涓涓细流，精耕细作，果实累累。

2. 要循序渐进，贵在坚持。练笔的起点低，坡度小，要抓住动情点，引导小学生观察我们周围的人物和事物，指导他们善于从自己身边的小事中去积累作文素材，启发他们多去写"生活作文"，使学生有话可讲，有事可写。

二、低年级坡度练笔的内容

1. 一年级（上）坡度练笔——每日一句

每周学习一个知识点，提纲如下：（1）认识新环境；（2）认识新老师；（3）回忆幼儿园；（4）结识新朋友；（5）美好的节日；（6）体育和广播；（7）各种学科；（8）学拼音；（9）美丽的校园；（10）小结机动；（11）发脾气；（12）看书看电视；（13）新的一年；（14）总结。

2. 一年级（下）坡度练笔——每日一句

提纲：（1）又开学了；（2）回忆寒假生活；（3）快乐的双休日；（4）家务和功课；（5）一个好人；（6）抬头看蓝天；（7）我班之最；（8）放学后；（9）难忘的事；（10）小结；（11）期中考试；（12）在校门口；（13）快乐春游；（14）升旗仪式；（15）比比升旗手；（16）生活习惯；（17）第一次过儿童节；（18）梦和游戏；（19）复习迎考；（20）总结。

3. 二年级（上）坡度练笔——句群练习

提纲：（1）观察新课本；（2）回忆暑假生活；（3）借东西；（4）值日生；（5）看录像认识孙悟空；（6）低头看流水；（7）开心的事情；（8）医院和医生；（9）考试；（10）小结；（11）助人为乐；（12）哭鼻子和掉眼泪；（13）小气和大方；（14）各种饮料；（15）现代厨房；（16）学校的玻璃橱窗；（17）寒冷的天气；（18）教练员怎样指导小运动员训练；

（19）议一议师生关系；（20）总结。

4. 二年级（下）坡度练笔——句群练习

提纲：（1）观察新变化；（2）学校的评比活动；（3）看照片；（4）唱好听的歌；（5）学做家务；（6）把一个动作写清楚些；（7）看看手、脚和身体的配合；（8）开心的游戏；（9）修理和清洗；（10）小结；（11）把说的话用上冒号、引号写出来；（12）打电话；（13）老师的教导；（14）人的表情；（15）我爱做好事；（16）我爱幻想；（17）我也有伤心的时候；（18）色香味俱全的水果；（19）当我不喜欢（　　）的时候；（20）总结。

三、坡度练笔的操作方法

1. 一年级（上）第一周至第十周由学生口述，请家长做笔记，教师检查，第十周起可让学生笔写每日一句，不会写的字可以请家长写，也可以用拼音代替。这样一来，家长也参与了，更能争取家长的配合，激发家长的辅导意识，同时也提高了学生的拼音能力和普通话水平，尤其限制了本地方言的影响，比如声母 n 和 l，z 和 zh，c 和 sh，r 和 l 的字，韵母是 an 和 ang，en 与 eng，in 和 ing 的字，教师可以及时纠正。

2. 在训练时，教师要注意由扶到放。每周的首次练习以扶持为主，或给范文，或给范围，或列提纲；逐渐以放为主，最后让学生独立完成。当然，有时还可以根据实际生活情况选出合适的题材，学生亲自体会到的，或看到的，学生写起来更得心应手。

3. 结合每天上课前五分钟进行说话训练（即口头作文）进行坡度练笔。有人会问，不是会影响课堂教学吗？请你相信，这并不是在白费时间，也并不会影响你的课堂教学。我们提倡改革，原来"满堂灌"的教学模式已跟不上形式，需要以发挥学生的主体性为重点，课堂教学注重精讲精练，才能达到事半功倍的效果。而课前五分钟的说话训练，对于培养小学生的课外阅读能力、细致的观察能力、逻辑思维能力、口头表达能力和书面表达能力，对于提高小学生的整体语文素质、培养跨世纪的人才均有十分重要的意义。我是这样训练的：有时，一天说两个不同的内容，一个是坡度练笔上的，一个是根据平常教师适当选的。有时，就说当天坡度练笔的内容，对于坡度练笔内容，教师可适当地调整，可适当地增减。总之，内容都是同学们所熟悉的，是贴近他们生活的。让学生说，等于布置了作业。学生写起来就有话可写，轻松自如多了。因此，进行说话训练是关键。怎样才能做到有话可说呢？教师应从以下几方面着手。

（1）提前设置说话情境，提前进行思维训练，口述也由问题引入。课前说话训练不能没有计划，不能无准备，想起什么就让学生说点什么。教师对于说话的内容，必须做到心中有数。要想让学生听了老师的要求就能滔滔不绝地说起来，就必须在上课前提出，提前对学生进行思维的训练。因为语言与思维是密不可分的，没有思维过程当然就没有语言的产生，而思维则产生于我们自己直观的情境和亲身的体验之中。因此，教师只有提前设置情境，我们的课前口述才能做到水到渠成。

如果口述的题目只能够高度概括内容，往往会使我们的学生不知从何说起，因此，就要将题目变成具体的问题，口述直接由问题引入，自然就降低了说话的难度，使学生感到容易些。如组织全班学生"洗手帕"比赛，先给大家一周练习的时间。宣布活动要求后，孩子们有的喜形于色，有的却面带愁容，或惊中带急，看得出他们的思维活动已经开始了。给学生一点思维的空间后，就请学生谈谈："你洗过手帕吗？你对这次比赛活动有啥想法呢？你有信心取胜吗？为什么呢？"教师话音一落，学生就七嘴八舌地说开了，孩子们都能真实地说出自己的想法。比赛前一天，我说："明天就要进行洗手帕比赛了，这一周你们利用什么时间练习呢？自己学的，还是大人教的？取胜的信心足不足？"孩子们兴致勃勃地足足说了几分钟才安静下来。在比赛前，我又说："我们马上就要比赛了，你能按顺序说说自己是怎样把手帕洗干净的吗？必须怎样做才能快速取胜呢？"比赛开始了，教室里弥漫着紧张的气氛，大家都顾不上说话，生怕耽误了时间。老师在不停地报时间，学生在不停地洗，几分钟后，学生就漂洗完了，比赛结束。12名获胜者高兴地上台领奖品并发表获奖感言：说说自己是怎样取胜的，心情怎样？然后又请没获奖的孩子说说失败的原因，这次比赛，你又明白了什么？学生饶有兴趣地说起来，说得有声有色，语句还比较通顺、完整。最后，请学生按比赛前、比赛中、比赛后的顺序说一段完整的话，并把它写在坡度练笔本上。

其实，在教材中也有丰富的内容：自然的、艺术的、社会的，我们都可以将其纳入口述的内容。有时，还可联系其他学科作为孩子们的谈话内容。如："上节音乐课，你学会了哪首歌，又是怎样学的呢？""体育课上，你们是怎样上的？有什么收获？""美术课呢，你又学会了什么……"为了让教师指导这些话题时做到胸有成竹，我们在口述前，必须先向任课老师或者本班学生了解相关的情况。

（2）充分利用学生的思维"储蓄"，一定要找准共同点。我们的口述还可由命题去引入。

我们知道，每个孩子都生活于家庭、学校和社会中，特别是家庭与学校，每天经历的都是一些具体的、可以直观感知的事物，都能通过他们的形象思维形成丰富多彩的表象，这些潜在的思维活动并不会有很多机会通过我们的语言文字将其表达出来，它们被"储蓄"在最佳点、兴趣最浓点，通常可以以提问或命题的方式引入我们的口述内容，最终达到让学生一吐为快的效果。如学校打预防针时，往往全班一片骚动，有笑的，有哭的，有叫的，也有躲的……事后，我们就可以《打针》为题，让汉子们谈谈打针前、中、后的真实感受，收到了特别好的效果。学校生活的话题还有很多，如《早读课上》《课间十分钟》《流动红旗评比活动》《精彩的运动会》等。如果只是泛泛口述这些题目的内容，学生的兴趣不会不大。学生最感兴趣的是那些有针对性的、能引起大家关注的人或景或物。因此，老师必须把握好这些特别的机会，结合相关的题目，才能引发学生们一吐为快的欲望，从而达到良好的表达效果。

当然，学生有关家庭的"储蓄"还有更多。因为与家庭成员的接触是最频繁的，早中晚及节假日的生活，与亲朋好友的来往，家中发生的大小事，生活环境的布置美化等等，都是学生最为熟悉的内容。尽管孩子们的"思维储蓄"各不相同，如以《我的天地》为题，描写自己的小天地有什么特点……这些话题一经提出，学生脑海中就会像过电影一样浮现出平时所熟悉的景或人。教师的设计就是将学生的学校生活与家庭生活联系在一起的纽带，就是有意识地将学生创设的思维"储蓄"的共性表现出来。家庭活动的描述都是孩子们课堂中口述的好素材，教师要精心地设计并且把握好口语训练的时机。另外，教师还要多观察分析学生当前的思维状况，留心他们关心的最新最热门的话题，这也是寻找孩子们思维"储蓄"最佳点的好办法。

4. 善于上好说话课，提升学生按一定顺序观察的能力，教给他们观察的方法，并指导学生把话说完整，说具体，说生动，这也可以当作坡度练笔的内容。

5. 要求学生每天都要交日记，教师要及时检查，及时发现问题，及时加以点评，并不是要求字字批改。关键是了解他们用词组句的能力，以及内容表达的完整性。教师可采用快速浏览法，做到心中有数就行了。当然，教师有时也要有针对性地批改，在批改的过程中要适机地使用激励的话语，使学生树立自信心，激发学生练笔的兴趣。

四、坡度练笔的成效

一年级学生基本上都能写出完整的句子，对句子有了初步的理解，加上掌握了一些常见的方法，比如从颜色、形状、数量、大小方面去把句子说具体，说生动。当大部分学生能写出一段比较通顺的话时，通过训练，学生就拥有了一定的说话能力和表演能力，说话有条有理，还能恰当地用上一些关联词。如："有的……有的……还有的……""因为……所以……"他们的阅读量也增大了，因为每个人都会有说话训练的机会，学生不得不提前做准备，去仔细地观赛周围的事物，去多看书，找说话的材料。如此，学生便丰富了语言，积累了素材，自然有话可说，有话可写了。

小学实施快速作文教学的做法

去年暑假，我有幸参加了宜章县首届"快速作文教学法"实验教师高级培训，能再次聆听全国著名语文教改专家、快速作文倡导者杨初春老师的讲课，我的感触非常深。我不得不为杨老师的快速写作的方法叫好。但是，在小学阶段是否也能如中学取得那样的神奇效果呢？带着学区、学校的重托，我认真研读了杨老师的著作，与黄丽萍老师分别带了一个实验班，正好她带三年级，我带五年级。我们共同拟定了一个三至六年级实施快速作文教学推广的实验方案。一年的实践证明：小学阶段同样能实施快速作文的教学，只是小学阶段有其独特的特点。

一、实施的内容与要求

（一）目标

三年级 40 分钟 200 字。

四年级 40 分钟 300 字。

五年级 40 分钟 400 字。

六年级 40 分钟 500 字。要求熟练掌握"写人记事""写景状物"的记叙文的写作方法，做到中心明确、条理清楚、语句通顺、字迹工整、详略得当。

（二）强化内容

1. 加强基础训练，积累写作素材，丰富写作语言。

2. 强化思维和写作速度的训练。

3. 讲解杨初春快速作文的方法技巧；训练学生快速审题立意、布局谋篇的能力。

4. 加强学生进行自改或互改作文的训练。

二、方法与措施

（一）激发兴趣

在教学中，告诉学生快速写作的重要性：首先，我们生活在信息时代，工作高效率，生活快节奏，工作、生活、学习都讲究一个"快"字。无论做什么事情，速度一慢就跟不上形势。所以说"快"是一种时代精神，现代人的工作、生产、生活甚至社交都离不开"快"。人们常说，赢得时间就是胜利。"赢得时间"的含义就是"快速"。如亚运会期间，世界各地的记者云集北京，展开了前所未有的新闻大战，从某种意义说，"新闻大战"其实就是一场快速写作比赛，谁的速度快，谁的稿件就先见报。在日常生活中，起草报告、写工作总结等都离不开快速写作。其次，人的一生，要经过若干次各种各样的考试，诸如毕业、升学、招工、招干、就业、晋级等等，样样都要考试。各种考试都是限时的，都要求答卷者有一定的写作速度。如果能掌握快速作文的方法和技巧，在参加各种考试时无疑会更加得心应手，还能开发我们的写作潜能和智能，提高写作能力。如果恰当地协调，更能提高我们的语文水平。正因为重要，老师更要激发学生的兴趣。在实际操作中，老师可以通过摘抄词句、欣赏作文、赏析日记、批改作文等途径来激发学生快速写作的兴趣。

（二）积累写作素材，丰富写作语言，加强思维训练

1. 加强课堂阅读教学

认真搞好课堂阅读教学是实施快速写作的根本保证。字、词、句的训练可以减少错别字，准确表达自己的意思，做到语句通顺并有文采；阅读教学中的各种作业是提高书写能力的好途径；篇章结构的教学可加强学生布局谋篇等方面的思维训练。抄词、摘句、背书可以丰富写作语言，培养学生良好的书写习惯。总之，一定要做到读和写的有机结合。

2. 准备两个本子：日记本和摘抄本

日记本：告诉学生写日记的要求——每天都要写日记。并且把它写在日记本的首页，让它时时鞭策学生天天写日记，把一天中认为最有意义、最有意思或伤心、后悔的事情，选一件记下来，要是觉得没啥事可写，写写读后感都行。如举行了某项活动，老师就抓住时机，指导学生写同一题材的日记。

摘抄本：指导学生摘抄好词好句好片段，如好开头、好结尾。学生自己看到、听到名言、警句、谚语时，都可以分类记下来，从而积累写作素材，丰富写作语言。

3. 开展丰富多彩的班级活动，积极参加学校开展的各项活动

老师要指导学生去观察各种活动的人或事，在活动中寻找不平凡的事物，捕捉人物的闪光点。如：春游、野炊、故事会、班会、各种比赛、捐款献爱心……这些丰富多彩的活动为学生快速写作积累了大量的写作素材。学生如果能长期坚持，日积月累，在写作时就能信手拈来，成文速度自然就快了。

（三）重视写作方法、技巧的指导，提高写作速度

1. 进入意境法

这种方法很重要，在每一节作文行文课都应该采用。这是对

学生进行学习心理品质的训练，要求学生精、气、神凝聚在一点。可以教会学生口诀：眼看黑板、双唇紧闭、屏住呼吸、目不斜视。使课堂保持绝对安静，学生就能进入意境，快速审题、构思、行文。

2. 快速审题法

我选择了适合小学阶段的三种方法进行教学："掌握重心法""添加因素法""反向思维法"。讲授这些方法时，要注意通俗易懂。如：我讲"掌握重心法"时，告诉学生，题目就是"形容词+名词"的形式，重点在"形容词"。这样一来，学生既易懂也易运用。比如写《一个助人为乐的同学》，同学们就容易抓住"助人为乐"这个重点，在阅读教学中同样可以加以渗透。

3. 快速构思法

我从中选择了三种进行教学——"顺乎天理法"可用来创作布局"记事"和"写景状物"的文章；"应顺时空法"最适合适用于布局"写事"的文章；"分类长陈法"适用于布局"写人"的文章，它们可以收到既快又好的效果。

4. 跳跃障碍法

在写作文的过程中，不停、不改、不念、朝前写。如：不会写的字，可用拼音代替，从而提高行文速度。

（四）传统作文教学与快速作文教学相结合

三、四年级的学生的作文水平有限，因而在写作前老师要做些必要的指导。那不是与杨初春老师的快速作文教学模式"先写作再指导"相抵触了吗？其实并不是。因为只有逐步渗透写作知识和方法，指导学生观察，再来进行写作训练，才有法可依，才能迅速掌握一定的写作技巧和基础。同时，还要进行限时写作训练，使学生在行文的过程中大大提高写作的速度。长期训练，由观察到口头作文，由口头作文到写，再加上恰当地讲评，正确地修改，学生的写作水平也就相应地提高了。在此阶段，可以不涉及快速审题、构思法。

学生进入五年级，已经有了两年的写作经历，有了一定写作知识，是否就能完全放手去实施快速写作教学呢？我认为，有写作方法和技能，也还有待于老师指导。因此，可以把传统作文教学与快速作文教学相结合。也就是每个单元的作文写两次，先进行传统指导，再放手进行快速作文教学。具体做法如下：

1. 进行传统作文指导，打好作文基础，按常规教会学生快速写作方法——审题、构思、列提纲等，也就是"先指导再写作"。

如：第十册第三单元：写一件亲身经历的有意义的事。

（指导略）

2. 接着逐步教给学生快速作文基本法：快速审题、快速构思、快速行文、快速修改，进行单项训练。通过实验，我选择了一些适合小学阶段的快速作文法。步骤：讲一快速方法，结合本单元训练，先出题写作，再讲评指导。这样一来，学生有写专项作文的能力和方法，又能拓展想象，打开思路，学生写作思维活跃，他们的作文就避开了"千篇一律"。学生的作文也就像个万花筒。学生的写作水平普遍提高了。

如：第十册第三单元训练（双课时）。

（1）先理论指导快速构思方法——应顺时空法。也就是按时间和空间顺序构思。有三种结构方式：一是时间顺序，它包括大时间和小时间。大时间指大年代，小时间是时、天等。二是空间顺序。三是时空交错顺序。

例：记一次大扫除。

①顺时构思：部署、进行、总结。

②顺空构思：教室、寝室、公共区。

③时空交错：大扫除前——教室。

大扫除时——寝室。

大扫除后——操场。

（2）命题：捐款。

（3）学生进入意境，快速审题，并用应顺时空法构思，再快速行文。

（4）教师快速浏览，拿一两个同学的作文讲评。指导批改。

（5）学生批改、教师小结。

（五）教给学生快速批改作文的方法

对于传统作文，教师用"三点跳视法"或"语感检查法"亲自批改。当然，有时也可以根据条件允许，也让学生批改。在快速写作课上，前一节课提出写作题目，把最快的前三名公布表扬。其间，教师快速浏览作文，做到心中有数。第二节课始，抽一两篇文章念。在老师的指导下讲评，学生积极讨论，说出优缺点，并给文章评出"好、较好、一般、差"的等级。这样，就能达到潜移默化的效果，使学生具体掌握批改作文的方法。方法可分三步走：读第一遍，主要找错别字；读第二遍，分析语句，并进行眉批；最后一遍，快速浏览，对整篇文章的结构、看法加以尾批。接下来，发作文交换改。给这些"小老师们"一节40分钟的课：前15分钟听老师讲评，20分钟学生批改作文，最后5分钟教师做总结。一个学生20分钟批改一篇作文，时间充足，学生批改仔细，有眉批有尾批，还要签名，培养了学生的责任感，收到了很好的效果。可以这么说，有的学生批改作文还有他的一套，甚至比老师批改得还要具体、恰当。如：李思思在熊丹妮的作文——《这件事教育了我》中，有一处眉批是这样写的——"一尘不染"写出了小矮人的一身正气。熊丹妮给邓婷的《这件事教育了我》的尾批是：文章语句通顺，条理清楚，采用了对比的手法，拿"我"上车开始不买票与小姑娘主动买票，以及不买票的"我"与后来买票的"我"作了对比，文章结尾点出了中心：这件事教育了我，不能贪小便宜。批得恰到好处。如此一般，学生欣赏作文的水平更高了。再加上每次批改，都有可能换上另一个同学的作文，学生的积极性也提高了，甚至有时觉得，看自己同学的作文比看自己作文还有兴趣些。这样一来，学生的各种能力的培养都涉及了。

（六）注重作文课型的设计

在教学中，老师可以设计一些新颖灵活、可操作性强的课堂形式，帮助学生积累写作素材，加强思维的训练，达到快速审题、构思、行文的目的。

1. 佳作欣赏课

放手让学生去实施，由六个素质较高的同学组成一个组，上好"佳作欣赏课"。我与组员商量，挑选一些不同类别的优秀文章，有时也可在同堂课欣赏两至三篇同题目的文章，让学生当起小老师，进行朗读，有时可不读题目，朗读完后，或让学生给文章拟题，说说主要内容和中心思想，尤其要讨论的是写作方法。当然，其间的操作可根据文章特点的不同，灵活确定讨论的重点。

2. 命题课

参照杨老师的："一个中心四个圆"的方法命题，但不写作。可选一材料，让学生命题；也可以对一个范围，让学生命题，要求不能是书中有过的题目。

3. 取材课

取材课旨在基础训练与思维训练，主要结构是"出题——选材——汇积"。比如：出一道题《一件奇怪的事》，学生马上进入意境，快速审题并选材。一两分钟后，学生把自己所选的材料说出来，师生一起讨论。有的选材是：①一向成绩差还准备留级的孙建锋同学被评上了"三好"学生；②爸爸向我认错；③老师向我道歉；④六十岁的老奶奶又出嫁了；⑤我的椅子修好了。再精选好题材，板书记录。这样一个题目有时可选七、八个好题材，积累下来，平时自己练习。这种课型一节课可写两三个题，既积累了材料，又训练了思维。

4. 构思课

构思课上主要讨论文章是怎样布局谋篇的。比如：《放风筝》，学生讨论构思，老师再统一结果。思路是：①从自然景物入手，极力突出这是个放风筝的好日子。②写地上放风筝的人多，看风筝的人也多，以及放风筝的人扯线、放线、奔跑忙碌的情形。③总体描述空中花色鲜艳、品种繁多、使人目不暇接的风筝。④通过拟人的手法具体地描述"大蜈蚣"与"飞龙"空中大战的情形。⑤写自己依依不舍，仍陶醉于空中大战的想象之中。当然，每个学生的性格爱好不同，有时写的内容也有所不同。老师要注重把握学生的结构，既肯定学生的不同之处，又要体现文章的新颖。

5. 写作课

具体操作见前面，此处不细讲。

（七）严格要求，限时写作，加强速度训练

在训练的过程中，要有明确的时间观念。每次写作文，要引领学生进入意境，时间一到，不管写了多少字都要交卷。对按时交卷者多加鼓励；对写不完或涂抹乱画者，决不放松要求；对后者先求字数，再求整洁。明确时间观念，可以使学生养成快速完卷的习惯。

三、打算

准备继续实施快速写作教学。打算：六年级由单项训练过渡到综合训练，这样，就可以比较放心地让学生快速写作。也就是先出题，学生写作，师生再一起讲评、批改、指导作文。

归纳出三种文体的快速写法：（1）怎样快速写景状物，掌握三大要点：立即抓住主体（主体物）、迅速找到联系（联系物）、尽快展开联想（联想物）。（2）怎样快速记人。写人的目的就是表现人物的品德性格特点。方法：①品德定向；②因德选材；③视材布局；④进行写作。（3）怎样快速记事。记事的目的表现一个主题。思维方法：①迅速确定主题；②根据主题选材；③应顺时空布局。同时，又要区别记人、记事的侧重点。如："一件难忘的事"，只要求把事情的发生、发展、结果写清楚，而不要求细致地去描写某一人物的外貌、心理。这样，学生有了一定的写作方法和经验，他们的写作思维就打开了，作文思路灵活多变，善于布局谋篇，作文就能达到一定的水准。我希望以此为突破口，去推动语文教学的改革。

"快乐读书吧"推进整本书阅读教学策略浅谈

2022 年教师进修学校共同体课外阅读指导观摩活动讲座

　　语文部编版教材主编温儒敏先生就语文教学给出的二十四条建议中指出：语文的功能，不光是提高读写能力，最基本的是培养读书的习惯。他强调语文部编版教材的特色就是"读书为主，读书为要"。黄国才先生在《语文课——用心做语文的事》这本书中讲道：小学语文教学的现实需要无非三件事，第一件是写字，第二件是读书，第三件是作文。这三件事是小学语文核心素养的重要组成部分。读书，也就是阅读，在小学语文教学中无疑是重中之重。

　　"快乐读书吧"作为统编教材一个全新的教学内容，提倡"课外阅读课程化"，承载着衔接课内阅读和课外阅读的任务，旨在通过师生共读，使学生能系统地、有阶梯地开展阅读活动，逐步形成阅读品质。"快乐读书吧"安排在统编教材中每一册，大致安排在每册教材的前半部分，有利于及早使学生认识到读课外书这一学习任务和方法，主题也很宽泛。从三年级的童话、寓言故事到六年级的成长小说、世界名著，构建起小学阶段的阅读体系。每一个"快乐读书吧"都有明确的阅读策略和推荐书目。

"快乐读书吧"这个特色栏目将课外整本书阅读纳入课程，旨在引导学生系统地、有梯度地开展阅读活动。"快乐读书吧"的具体实施方法应该是鼓励师生共读一本书，在一起阅读的过程中，与学生阅读交流，提高师生共同阅读的兴趣，对学生的阅读学习策略进行综合指导，提高学生阅读表达能力。但是，这部分教学往往是教师比较容易忽视的，在教材中所占版面少，从传统的篇章教学到整本书教学，缺乏教学标准，缺乏教研指导，缺乏教研评估，不少教师感到迷茫，可能会导致教学低效。我们该如何开启"快乐读书吧"的阅读之旅，让学生快乐持续地深入地阅读呢？我认为可以从以下四个方面进行。

一、明确意图，找准阅读策略

叶圣陶在20世纪四五十年代就已经明确提出"读整本书"思想，从阅读策略入手，从单元学习中教给学生阅读方法，以教材中的一课引出一本书，以一个作品引出相关作者一系列作品的阅读。学生在真实的阅读中仅运用这些策略是不够的，"快乐读书吧"的设立首先是基于语文学习的规律，是阅读方法、阅读策略综合的运用和巩固。所以在阅读指导中，教师应该不拘泥于要求，而是要充分联动已学的阅读策略和本单元的要求，指导学生在开展课外阅读时使用多种方法开展阅读。

（一）横向迁移，策略更具体

横向迁移是指融合本册教材中适合"快乐读书吧"阅读主题的方法和策略，在开展阅读时进行迁移运用，实现策略联动。以三年级上册"在那奇妙的王国里：童话"为例，教材对本次阅读作出提示，提示中给出了本次阅读的重点策略是：把自己想象成童话中的主人公。但是开展整本书阅读的指导，仅此策略显然过于局限。对本册书的语文要素和阅读策略进行梳理后，可以发现第一、第二、第四单元涉及的阅读方法对于阅读整本书也有指导作用，可以进行联动阅读，为此，我们进行了融合。

我们发现，联动相关的阅读策略后，童话故事的阅读方法更具有可操作性，实现了对本册教材中新学的阅读策略方法的迁移和运用。学生在阅读时有章法，能轻轻松松开启阅读之旅。

（二）纵向叠加，方法更多元

阅读策略旨在使读者对课文有所了解，利用已习得的阅读方法进行主动建构。"快乐读书吧"在不同的年段安排的阅读任务各不相同：低年段以趣味性为原则推荐阅读内容；三年级开始以推荐篇幅较长和字数较多的作品为主；高年级则安排中外长篇名著的阅读，阅读的梯度和要求符合儿童身心发展的特点。

在"快乐读书吧"的阅读指导中，教师不仅要落实"快乐读书吧"提出的要求，更应该纵跨以往年段，根据阅读文本的特点选择适合的策略和语文要素加以叠加运用，充分调动学生已有的阅读经历，从而实现与初中的"名著导读"顺利接轨。如：五年级下册"读古典名著，品百味人生"，根据教材提示可以看出"根据目录猜测故事内容"是本次阅读的重点要求。但是对于整本书的阅读指导，仅仅运用这一阅读方法显然是不够的。教师在指导学生阅读时，一方面要了解古典章回体小说的特点，关注故事情节和人物，感受丰富的想象；另一方面结合该书的特点，纵向联动已学过的"预测、提问、提高阅读速度"等阅读策略，以及第二学段中相关的语文要素，进行综合实践和运用。纵向的联动叠加后的阅读指导方法更多元、更综合，阅读目标也更明确。

二、图表助力，提高阅读兴趣

利用"快乐读书吧"激发学生的阅读兴趣是当前的首要任务。笔者在日常教学中巧用图表，预设一些学生感兴趣的阅读话题，搭起有意义的思维导向，这样，既能激发学生的阅读兴趣，有效推动阅读的进程，又能及时反馈学生在阅读过程中的真实学习和心理状态，尽快调整策略，为学生提供极大帮助。

（一）提取型图表，助力内容梳理

在阅读时，最基础的能力是提取信息、读懂内容，知道这本书主要写了什么，书中有哪些人物，这些人物之间有什么关系。与单篇课文或一个片段学习相比，整本书阅读的难度不言而喻，特别是对于长篇小说来说，人物众多、情节变化曲折、人物关系结构复杂、人物语言多变，要读懂内容，把故事中的人物关系厘清并不是一件容易的事，学生弄不清就失去往下阅读的兴趣。利用图表提取关键信息并加以梳理概括，既有趣又可以帮助阅读者快速把握内容脉络。例如：对于故事性强、情节曲折的内容，可以通过情节阶梯进行梳理；以时间或空间、情感等为线索贯穿的内容，可以通过"鱼骨图"或"树形图"等对书中的重要信息进行提取，而人物比较多时，"气泡图"可以帮助学生理清人物之间的关系。如四年级上册"快乐读书吧"指导学生阅读《中国神话传说》，书本第四至七章主要讲述了中国神话中统治宇宙的五个天神，传说中的黄帝居于中央，统管宇宙，伏羲、炎帝、少昊、颛顼分别掌管东、南、西、北方和春、夏、秋、冬季，他们分别为人类文明留下了功绩。为此，我们可以设计气泡图，让学生对内容进行梳理。气泡图的梳理，不仅厘清了人物所代表的方位季节，他们的功绩也一目了然。

（二）探究型图表，推动阅读前行

阅读本身是一个不断探究的过程，但是，教师要有意识地引导学生不能只关注表层的信息，要引领学生以探究的方式开展阅读活动，让阅读走向深层次，无疑是非常必要的。探究型阅读图表教学旨在有效推动学生阅读发展进程，使学生觉得阅读过程充满智慧和挑战，学生在寻找和对比中获得了更深层次的阅读理解。如在四年级上册"神话"主题的阅读中，会发现中国古代神话和希腊神话中很多故事的主题相似，如泥土造人、火、太阳、洪水、灵界等，可以通过比较图式，引导学生发现异同，探秘古代神话在先民心中神圣不可侵犯的地位。学生以中国古代神话和希腊神话中的"盗火"这一主题，将盗火原因、地点、方法、经过、结果等方面进行比较，发现两则神话的异同，从而感受神话的特点。

（三）联结型图表，拓宽阅读边界

联结是一种非常重要的阅读策略。常见的呈现方式有：由人物的言行联结人物的心理；将书中的人物与生活中的人物、书中的故事与生活中的故事联结等等。如：三年级下册"快乐读书吧"是以"寓言故事"为阅读主题的，要求"联系生活中的人和事理解道理"。在指导学生阅读《伊索寓言》时，设计了联结图表，引导学生联结生活中的事例或人物，联结自己的亲身体验感受等。通过图表式联结，拓宽了学生的阅读边界，使其对寓言故事所蕴含的道理理解得更深刻，同时得以内化和运用。

（四）创编型图表，点燃智慧火花

阅读一本书之后，思考并没有停止，我们还可以进行拓展延伸，将现代的情景代入书中的场景中，根据人物特点想象会发生什么事情，开展创编活动。如读《西游记》，想象唐僧师徒四人如果来到了现代社会，将会发生什么样的故事？我们通过图表，让学生先为人物制作名片，结合现代情境开展想象。像这样的各类创编阅读活动，需要以阅读整本书籍作为阅读基础和创作出发点，寻找与其相关联的文化资源，引导学生进行富有趣味的拓展性语文活动，把文本阅读与现实世界联系起来开展创编活动，推动文本阅读向更高的知识层次发展迈进。对于许多学生来说，人物的时空穿越着实点燃了许多学生追求智慧的生命火花，他们乐此不疲。

三、习惯养成，推动持久阅读

"快乐读书吧"这个板块的设置，不只是要求学生读几本课外书，更重要的是通过教师的指导，从课内阅读拓展延伸到课外阅读。

（一）学习鉴赏批注，让阅读丰厚起来

批注是读者与人物对话，真实反映内心独特的阅读感受的手段，也是帮助读者理清故事人物特点、理解书中内容的传统阅读方法，表达了学生别样的情怀，更是深度阅读的一种直接有效的方法。在指导学生阅读神话故事《西游记》时，为更深入地了解人物形象，教师要引导学生选择自己喜欢的一个角色，抓住主人公在事件中的语言、动作、神态等开展有主题的批注，进而更深入地感受主人公的形象，也可以选择西天取经中的某一个故事，对孙悟空、猪八戒、沙和尚、唐僧四人的言行分别作批注，进而体会不同人物的形象特点，感受作者语言表达之精妙。

语文教材四年级上册设有专门的学习批注方法的单元训练，将课文批注的阅读方法广泛运用于整本书的综合阅读中，引导学生大胆尝试，让批注成为阅读的一种体验、感受，彰显学生的心理路程。批注对作品中的美言佳句、表达方式赏析；批注作品的内容提要；批注对疑问点的认识、解释；等等，从而让阅读丰富厚实起来。

（二）关注"前言""后记"，让阅读立体起来

对于非虚构类书籍，不管是不是作者本人写的，前言一般会对书的主要内容、结构顺序、艺术特色、表现手法，以及作者想

要表达的观点等进行一定的阐述。可以说，前言就像一幢建筑的外观，现代还是古典，沧桑还是新奇，从中可见一斑，足见其对于理解全书的重要性。而后记一般是对这本书的总结和感慨，或者是回忆著书时的心路。读者遇到晦涩难懂的地方或许能在后记得到答案，顿时豁然开朗。但是，学生读书时往往喜欢直击作品内容，而忽视"前言""后记"。因此，开展整本书阅读，可以引导学生先从"前言""后记"入手，有助于学生理解作品内容以及作者想要表达的思想情感，让阅读更有深度。比如笔者在四年级上学期教学关于阅读《中国神话传说》这个"快乐读书吧"板块时，该书"写在前面的话"中对于神话传说的内涵、特点，以及本书内容进行了阐述。教师在阅读指导时可以先从前言入手，让学生对中国神话传说有整体的认识，从而站在更立体的角度开展整本书的阅读。

（三）补充背景资料，让阅读充盈起来

文学作品源于现实生活，源于作者对当时社会生活现实的深刻感受，是作者内心真实情感的具体表达，同时也始终隐藏着它的时代背景，是当时社会经济政治和思想文化的重要载体。要正确理解一部文学作品，首先应该对作者和作品创作者的背景因素进行充分了解，而这正是我们在阅读指导中容易忽视的。学习《猴王出世》，能够激发学生阅读原著《西游记》的兴趣。大部分学生更多关注书中的故事、唐僧师徒的人物形象，从而感叹作者的想象之神奇。阅读这本书时，学生通过搜集、补充背景资料，会发现吴承恩生活在明代的后期，这个阶段虽然社会矛盾突出，但是小说和戏曲创造进入全面繁盛的时期。加上吴承恩从小聪慧，博览群书，尤喜神话故事，却在科举考试中屡屡受挫，这些人生经历与西游记表达的精神内涵很契合，这也是促成他创作的主要原因。了解创作原因后，学生再读书中讲述的一次次磨难，就会与作者的人生经历相结合，这样的阅读更充盈。

四、读书分享，体验阅读价值

活动教学要比常规课堂教学更吸引学生，课外阅读的开展可以通过拓展一系列形式多样的阅读活动进行。教师可以根据课外阅读主题规划活动内容，比如演讲、朗诵、讲故事、情境表演、短作文比赛等，既能够激发学生的好胜心，让学生能够在轻松互动的阅读过程中亲身感受到阅读的快乐，加深对阅读内容的认知，又能使学生在学习运用阅读中收获知识，真正达到促进提升课外阅读的质效。这对于小学语文教学和小学生阅读能力培养而言都有着重要意义，是推动实现素质教育的有效途径。

（一）看一看，丰富阅读知识

让学生把自己阅读的书籍和阅读记录、书上的阅读批注、填写的阅读记录卡、撰写的阅读心得、制作的阅读手抄报或好书推荐卡在读书分享会上展示，互相评价，取长补短，从而提升学生的阅读能力。如：六年级下册的《鲁滨逊漂流记》读书分享会，让学生交流自己的读书单，谈谈自己在阅读过程中的困惑、最深刻的情节、最佩服鲁滨逊的什么品质等。通过分享，大家的思想产生碰撞，促进了下一阶段的再阅读。根据"快乐读书吧"的"相信你可以读更多"提示，让学生制作《爱丽丝漫游奇境》《尼尔斯骑鹅旅行记》等名著的好书推荐卡或手抄报，在班级阅读角展示。

（二）讲一讲，拓宽阅读视角

每个"快乐读书吧"都有一个大的阅读主题，围绕这个主题推荐的书籍中不同篇目又有一些相同或不同的小的主题。教师可以让学生分组抢答，根据提出的关键词讲述书中相关的故事。

如：三年级下册阅读三本寓言故事后，提供关键词"欺骗"，学生就可以讲一讲与"欺骗"相关的故事题目或者故事情节。这样，学生既可以交流自己喜欢阅读的故事，又可以说说在阅读过程中发生的故事。

（三）演一演，深化阅读体验

很多寓言和童话都适合表演，学生自由组合，选一个故事进行表演。老师提前布置表演任务，让学生有比较充分的时间编排、制作小道具等。如：三年级下册的"快乐读书吧"，大家畅游了寓言王国后，都被故事里的情节吸引，都有演一演的欲望，学生通过自己喜欢的方式向大家汇报自己的阅读成果。学生在表演时还可以不报表演的题目，表演结束后，让其他学生说说他们表演的是哪本书中的哪一个故事，并评一评他们的表演，评选出"最优秀的表演者"，让他们感受读书的快乐、成功的快乐。

总而言之，对于小学语文教学来说，课外阅读教学的开展具有重要价值，有助于拓宽语文教学渠道、增强学生阅读能力、培养学生阅读习惯、锻炼学生表达和写作能力、提高学生综合素养等。同时，课外阅读在小学语文教学中的开展还要注意遵循一定的原则，充分迎合各年级学生的成长发展特点与个性化发展差异，并且要充分利用"快乐读书吧"，注意合理化选择教学内容和教学方法，以此来确保课外阅读的有效性，保证学生从课外阅读中学到更多知识与技能，使学生成为积极的阅读者，让经典滋养学生的童年，使学生从小就爱上阅读、学会思考。

语文低学段阅读教学如何体现时效性

——"一对一，点对点"送教上门专题讲座

在新一轮的教材改革中，语文部编版教材应运而生。2016年秋季，语文部编版教材正式使用，引发社会各界强烈的反响。语文部编版教材主编温儒敏先生就语文教学给出的二十四条建议中指出：语文的功能，不光是提高读写能力，最基本的是培养读书的习惯。他强调语文部编版教材的特色就是"读书为主，读书为要"。黄国才先生在《语文课——用心做语文的事》这本书中讲道：小学语文教学的现实需要无非三件事，第一件是写字，第二件是读书，第三件是作文。这三件事是小学语文核心素养的重要组成部分。读书，也就是阅读，在小学语文教学中无疑是重中之重。小学低学段学生正处于阅读兴趣与习惯养成的关键时期，那么，我们小学语文教师该如何改进小学低年级语文阅读教学方法，让小学生学会阅读，爱上阅读呢？我认为应抓住这次教材改革的良机，立足部编版教材，采取科学有效的教学策略，从根本上培养孩子们读书的兴趣与习惯。

一、语文部编版低学段教材特色的阅读教学策略

（一）创设儿童绘本故事时光，激发阅读兴趣

《语文课程标准》在第一学段的阅读目标中要求喜欢阅读，

感受阅读的乐趣，要借助读物中的图画阅读。绘本是最能体现儿童文学特性的文本样式，被认为是"孩子人生的第一本书"。绘本阅读是儿童打开阅读大门的重要途径。

教师以绘本为阅读素材，声情并茂地讲述绘本中的图画故事，引导学生仔细观察绘本的风格、主人公形象、故事情节等细节，想象故事内容，各抒己见。充分发挥学生主体性，不仅能使学生提高语言表达能力、观察能力和想象能力，还能使学生有浓厚的阅读兴趣，让他们在阅读中留下美妙的体验，爱上阅读并踏上快乐的阅读旅程。

（二）诵读经典美文，积淀阅读涵养

反复诵读可以促进文本的理解和强化阅读的效果。教师带领学生反复诵读经典美文，读得滚瓜烂熟，不必深奥阐释，不仅能让学生感受诗词音韵之美，还能在潜移默化中播下"读书种子"。同时，教师把课外阅读引入课堂，如《三字经》《百家姓》《千字文》《增广贤文》《弟子规》等传统蒙学经典，带领学生反复诵读，汲取古代圣贤的智慧，习得中华美德，积淀阅读涵养。

（三）构建亲子阅读，营造阅读氛围

教师，作为课外阅读的引导者，通过"和大人一起读"栏目，把共读一本书、无压力阅读理念等传递给家长，使阅读不局限于课堂，在家里也可以进行亲子阅读活动。家长担当起孩子阅读的监督者和陪伴者的角色，以身作则，配合教师完成阅读任务，制订阅读计划、阅读目标。

以书为媒，通过大人的指引，孩子能开阔视野，获得不一样的阅读体验。爱意流动的亲子阅读，能营造出和谐温馨的阅读氛围，不仅能使孩子养成阅读习惯，同时也会使孩子成为终身学习者和阅读者。

二、低学段教学特色阅读教学的时效性

（一）采用多种渠道，激发阅读兴趣

兴趣是最好的老师。它不仅在小学生的学习过程中占据重要的地位，而且对于小学生学习能力的提升也具有重要的作用。因此，要提高小学生的阅读效果，教师就要从激发学生的阅读兴趣出发，让学生在兴趣的引领下进行高效阅读，从而丰富学生的情感体验，激发学生的阅读热情，使其更好地理解课文中的内容，提升学生的情感素养。所以在阅读教学中，我们就要运用各种教学手段来激发学生的求知欲望和阅读的兴趣。

1. 利用电教手段，激发阅读兴趣

在教学课文《小英雄雨来》时，我们就可以先为学生介绍故事发生的背景，让学生在心里首先产生一种敬佩的情感，激发学生的爱国之情。由于学生对这个故事不熟悉，我可以以学生熟悉的电视剧《小兵张嘎》引入，激发学生内心强烈的爱国之情，感受小英雄的聪明、机智、勇敢。在这样的氛围渲染下，学生的情感受到了感染，他们的思绪也随之起伏。于是，我便让学生阅读课文，在怀着强烈好奇心的状态下，学生都积极地投入到课堂的学习中去，使得阅读效率得到了保证，学生真正地投入到课堂的阅读与学习中，对课文内容的理解有了更深入的认识，对课文中所要表达的情感也有了更深的体会，真正地提高了学生的阅读效率，提高了学生的情感素养。

如教《雨点儿》一课时，我们可以先用课件让学生听雨点落在池塘、小溪、江河、海洋中的不同声音，然后让学生欣赏配乐朗读，让学生进一步感知，最后再让学生放声朗读课文，仿佛自己就是小雨点儿，来到池塘、小溪、江河、大海中，这样既渲染

了教学气氛，又激发了学生的朗读情感，给学生以美的享受、情感的陶冶。

2. 采用解题设疑方法，激发阅读兴趣

在教《狼和小羊》一课时，我先板书"狼"，问学生狼是什么动物；再板书"小羊"，让学生讲小羊是什么动物；然后在狼与小羊中间板书"和"，并设疑说：一只凶恶的狼和一只驯良的小羊在一起时会发生什么事呢？结果怎样？学习了课文，大家就会明白的。为了弄明白这些问题，学生不论是听课文录音，还是读课文，讨论问题，都非常认真积极。

3. 利用直观教具，激发学习兴趣

我们知道，低年级的孩子注意力极易分散。所以，我们要根据学生好奇的心理特点，在教学中，尽量使用一些直观教具来展现教材情景，增强教学的直观性，以吸引学生的注意。如在教《狼和小羊》时，我们可以贴狼和羊的图片来进行板书。拓展故事表演时，我们可以让学生戴上小动物的头饰来表演。孩子们一看到头饰，个个兴奋不已，小手就都举起来了，个个跃跃欲试，淋漓尽致地把孩子们好表现的特点展示出来了。对于动物、植物的课堂教学，我们都可以通过贴图和头饰来吸引孩子们。

4. 利用故事等导入，激发学习兴趣

在教学《夏夜多美》这课时，我们可以利用故事引入：（边播放课件或边出示挂图）小朋友看这夏天的夜晚多美呀，公园的水池里，美丽的睡莲刚闭上眼睛，就被哭声吵醒了。听，一个有趣的故事发生了……你看，老师根据课件或挂图讲述课文内容，让学生一边听一边欣赏。要知道故事是孩子永不腻烦的喜好，本课就这样在浓厚的趣味中进行，整个课堂轻松愉悦。

5. 利用课本插图，激发学生兴趣

低年级的课文大都配有形象、生动、活泼的插图。大部分插图包含声情并茂的故事情节。在教学中，我们应该充分利用课文中的插图，让学生先看图，说说图上画的什么，然后再图文对照读课文。如在《秋天的图画》时，由于县城的儿童很难看到秋天那幅丰收的景象，教师可以让孩子们观察课文中的图并顺势提问：你都看到了什么？它们各像什么？孩子们的回答精彩纷呈，仿佛置身于秋天的田野、果园了。这样对理解课文内容是很有帮助的，还可以培养学生的观察能力和口语表达能力。当然，我们农村的孩子，有着得天独厚的优势，除了利用插图，老师可以带着他们走进田野果园，与大自然来个约会，与大自然来个拥抱，通过听觉、视觉、触觉、嗅觉等感官，在实践中认识秋天，感受秋天的美丽、多彩、硕果累累。

学习兴趣的培养，其实可以根据文本的特点，在导入、解题、提问、表演或拓展的设计中，让它贯穿课堂的不同环节。对于这样的课堂，有哪个孩子不喜欢呢？

（二）重视词句教学、加强朗读训练

《语文课程标准》指出：在低年级，要通过字、词、句和指导朗读等教学帮助学生理解课文内容。根据低年级学生的年龄特征，在教学中，我们主要可以采取换词、改词、找近义词、反义词、看插图、实物、演示、做动作，表情朗读，复述句子，改变句式，仿造句子，结合上下文讲解等方式，帮助学生理解词句的意思，体会词句所包含的思想感情，并在理解的基础上让学生多读、熟读，读得正确、流利、有感情，加深对语言文字的理解，把书面语言变成学生自己的语言。如教《小壁虎借尾巴》第二自然段时，文中有一句："没有尾巴多难看哪！"我们可以指导学生在保持意思不变的前提下，将"多"换一个词语，学生踊跃发言，换成"十分、多么、特别、非常、真"，这样，学生不仅正确理解了"多"的意思，而且在朗读这句话时自然把多字读重音了。再如教《狼和小羊》第二小节，我们就可以先采用换词（把"非常"换成"十分、特别、很、极"）、然后找近义词（故意、存心、有意）、再看插图描绘狼非常想吃小羊的外部表情、想象并讲述狼非常想吃小羊的心理活动等方法，弄清非常想吃、故意找碴儿等词语的意思；然后让学生用故意找碴儿的语气朗读这一小节，重读非常、故意、弄脏，读出所要表达的感情。通过讲和读，狼残忍、阴险的本质就跃然纸上了。教学实践可以使我们体会到，只有加强词句教学和朗读指导，才能有效地提高学生理解和运用语言文字的能力。

（三）启发积极思维，鼓励质疑问难

为了促进学生认真读书，积极思考，教学课文时，我们可以经常提出一些问题，让学生带着问题去读书，边读边想。这点非常重要，为什么很多孩子的阅读能力差呢？就是没有养成这种带着问题边读边想的良好的阅读习惯。其实，对于低年级学生的阅读，只要你认真地去读，静心地去读，去找到相关的段落或相关的句子理解，很多的答案就在句中，有的答案稍微归纳就可以出来。这样，可以促使学生读书时眼到、口到、心到，做到俯而读，仰而思，逐步养成用心读书、认真思考的习惯。如在《乌鸦喝水》这一课，我提出"要是瓶子旁边没有石子，乌鸦该怎么办"的问题进行全班讨论。有的学生说，乌鸦可以用翅膀使劲把瓶子扳倒；另外一位同学说可以用爪子，还有同学说乌鸦可以挖掉靠近瓶底的泥土，使瓶子倾斜，然后就可以喝到水了。通过这个问题的讨论，学生的思维闸门一下子就打开了，收到了"一石激起千重浪"的效果，不仅活跃了课堂气氛，而且培养了学生的创造性思维能力。此外，我们还可以营造宽松和谐的课堂氛围，让学生敢想、敢问，乐于发表意见。在课堂教学中，我们一定要根据低年级学生的心理特点，激发学生的好奇心、求知欲，激发学生质疑问难的积极性。同时，我们要对提出有价值问题的学生要给予表扬和鼓励。如在教学《地球爷爷的手》这课时，有的学生可能会问"地球爷爷有手吗？地球爷爷的力气有多大？老师，您能看见地球爷爷的手吗？"等问题。我肯定学生提出了值得思考的问题，并鼓励他们带着问题学习课文，通过耐心解释和说明，循循善诱，使他们通过几个科学事例，获得正确的认识。又如有的学生提出"地球爷爷有没有脚？"等比较没有思考价值的问题，我也不轻易批评学生，虽然这是学生不成熟的问题，但这些问题的提出过程是学生整合自身知识、经验的过程。

（四）利用课文空白，培养学生想象力

语文教材中有许多课文都被作者巧妙地留下了空白，这些空白突出了中心和写作意图，也为读者提供了一些想象的空间。因此，在语文教学过程中，教师要善于利用文章中的空白艺术，培养学生的想象能力和语言表达能力。

如《坐井观天》的结尾：小鸟也笑了，说："朋友，你是弄错了。不信，你跳出井口来看一看吧。"教学这篇课文的结尾时，我让学生想一想：青蛙后来有没有跳出井口来看天呢？问题一提出，就激起了学生想象的浪花，个个争先发言，有的说：青蛙听了小鸟的话，心里想，"我非出来看看不可，看看是你说得对，还是我说得对！"它两腿用力一蹬，跳出了井口。它往上一看，惊奇地说："啊，好大的天，真是无边无际！"从此，它再不说天只有井口那样大了。有的说：青蛙可固执了。它听了小鸟的话，一摆手说："去你的吧，我就不信。你看，天不就是像井口一样大吗？"小鸟飞走了，它还坐在井里唱着：咕哇，咕哇，天像井口一样大。

再如教学《狼和小羊》一课的结尾部分时，我就组织学生续编故事，说说小羊到底被狼吃了没有？学生的思维闸门一下子就被打开了，他们想象奇特、丰富多彩，并滔滔不绝，口若悬河地说开了。有的说，小羊那么善良温顺，不会被狼吃掉的。狼太坏了是没有好下场的，一定会掉进河里被淹死的。有的说，小羊被他妈妈救走了。有的说，狼被猎人打死了。我们不难看出学生说的话很有思想，认为好人有好报，恶人没好下场。

（五）读与说相结合，提升学生表达能力

《语文课程标准》指出："规范学生的口头语言，提高口语交际能力，培养良好的说的态度和语言习惯。""读"是对信息的输入，而"说"应该是对信息的输出了，培养学生口头表达能力，是一个长期训练的过程。俗话说：冰冻三尺，非一日之寒；水滴石穿，非一日之功。在阅读教学中，必须把读与说结合起来，并加强训练。在教学实践中，我们要重视学生读与说的有机结合。如学习《荷叶圆圆》一课时，它的语言充满了诗情画意，极易把孩子带入一个童话情景中去，在孩子多读成诵的基础上，告诉孩子，我们刚才所收集的好词好句在平时说话写话中都能运用。我们可以设计这样一个练习：仿照文中结构相似的几个自然段，让学生想想还有谁把荷叶当作什么？因为有了读文的基础，学生甚至能熟读成诵，再加以合理的想象，老师一鼓励，学生更来劲了，说得生动有趣，从而达到了训练的目的，做到了学法迁移，学以致用。学生的"作品"相当精彩，如有的学生说道："小兔说：'荷叶是我的小伞。'小兔子拿着荷叶在雨中散步。""小蚂蚁说：'荷叶是我的小船。'小蚂蚁坐在荷叶上，在水中行驶。""小蚯蚓说：'荷叶是我的床。'小蚯蚓伸着懒腰，懒洋洋地躺在荷叶上。"诸如此类的语言还有很多很多。在仿写的过程中，学生发展了语言，学会了表达方法，学会了关注周围的事物。因此，我们在阅读中要多读多背，积累好词佳句，为写话打下基础。

（六）学生进行阅读活动，要做到手到

俗话说：读书有三到：口到、心到、手到。而手到，是低年级阅读训练中的一个重要环节，它可以促进理解，增进训练力度；也可以增加活动趣味，激发学生阅读兴趣，发挥学生的主体作用。前人有"不动笔墨不读书"之说，其实也就是指阅读中的"手到"。低年级阅读教学活动，要重视创设动手的机会，指导学生从多方面动起手来。一方面，低年级学生仍具有幼儿的心理特征，如知觉过程的随意情绪，注意力容易分散和不持久，观察得笼统而不精确，思维仍以具体形象思维为主，抽象的逻辑思维能力差，易记但又易忘等。另一方面，在教师的指导下，儿童的认识能力又都在迅速发展之中。他们对于感兴趣的事物，总是力求认识它。因此低年级学生的阅读教学，应力求内容新颖，手段直观形象，方式灵活多样，努力使学生的动手能力贯穿于阅读教学的始终。

那么，作为低年级的语文老师，我们该怎样让学生动起手来呢？

1. 圈圈画画，能提高阅读理解的能力

圈圈画画属于"动笔"的范畴，是指导学生动手的招式。预习课文时，教师可以让学生给课文的自然段标序号，圈出生字组成的词语，以及其他未理解的新词；分析课文时，教师可以让学生划出能说明内容、表达中心的关键词句，以及用得准确、生动的词句。圈圈画画，能够使学生主动性得到发挥，使阅读活动能顺利地进行，使学生学会抓疑难、抓关键，从而提高阅读理解能力。

2. 动作表演，能促进思维的顺利进行

在阅读中，教师可以结合动作表演训练来帮助学生理解课文内容。学生阅读课文时，往往会碰到一些描写动作和状态的词句，无论通过语言的描述还是图像的显示，都难以满足学生分析理解的需要，这时，就可以指导学生做些辅导性的动作。例如，《小猴子下山》一课中有这样一些句子："它看见玉米结得又大又多，非常高兴，就掰了一个，扛着往前走""扔了玉米""捧了几个桃子""抱着一个大西瓜"。其中"掰、扛、扔、捧、抱"等词比较难理解，让学生进行动作表演，边做边体会，就直观多了。从个体思维发展来看，低年级学生的思维是伴随着动作进行的，也就是说，他们喜欢将动作加入到思维活动中，这是一种动作思维，动作思维能最直观地为认识活动提供直觉形象。当低年级学生遇到疑难时，常常要通过一些动作来帮助展开思维，将抽象的语言化为具体可感的动作形象，以帮助分析、体会、揣摩课文内容，从中获得感知材料，促进思维的顺利进行。

3. 情境表演，是儿童最受欢迎的表现形式

我们知道：情境表演是儿童最受欢迎的表现形式。小学低年级的课文大多是声情并茂的文章，富有童趣，适合用表演的形式来帮助学生理解课文内容。表演能够将抽象化为形象，化难为易，使其突出重点、突破难点、凸显特点。

如我们在教学《从现在开始》一课时，要求学生先图文对照，仔细地读课文，让孩子们把自己当成猫头鹰来发令，"神奇极了"一下子就被孩子们表演了出来。老师再说："现在我就是猫头鹰了，你们就是小动物。从现在开始，你们都要跟我一样白

天休息，晚上做事！"孩子们一听就开始说了起来，不知不觉它们就理解了"议论纷纷"的意思。你一句我一句，就是"议论纷纷"呀。此时，老师再精练的讲解也是赘述。

如教《荷叶圆圆》一课时，可以要求学生先图文对照，仔细地读课文，读后让学生自找合作伙伴，自编、自导、自演《荷叶圆圆》，看学生是否把课文内容读懂了。结果学生的表演令我非常满意，把小青蛙、小蜻蜓、小水珠、小鱼儿的动作语言，表演得淋漓尽致，惟妙惟肖。在轻松愉快的表演中，学生体会到了夏天的美丽。新课标指出："让学生喜欢阅读，感受阅读的乐趣。"让学生感受到阅读的乐趣是阅读活动持续发展的不竭动力。特别是小学低年级的学生，刚刚还处于自由自在地玩耍、游戏状态，突然进入严肃、规矩的学校学习生活，孩子的乐趣需要延伸、继续，同时也要上升到新的层次，开拓新的方法和途径，如游戏法、实验动手操作法、讲故事、看动画等这些方法和途径都能很好地让学生感受到阅读的快乐。我在上《影子》这课时，首先组织学生到室外的阳光下做"踩影子"的游戏，然后让学生结合现实中所看见的影子来学习课文是如何写影子的，这样自然地引入课堂，不仅激发了学生的学习兴趣，还有助于学生对儿歌内容的理解。

4. 抄抄写写，能加深理解，启发想象力

抄抄写写是"动笔墨"的一项主要内容，它既是理解课文的手段，也是积累和运用语言的有效途径。低年级学生注意力容易分散，如果仅仅是教师讲授，满堂灌，学生注意力难以集中，也不符合素质教育的要求，而通过教师的引导，学生边听边抄，能引起学生的注意，而写的作用更为广泛。教生字时，教师可以让学生写自己用生字组成的词语；讲解课文时，教师可以让学生在课本上写对词语的理解；做练习时，学生要写用新词造出的句子；总结课文时，教师可以提出一些思考性的问题，让学生通过对课文的理解接着写下去。如教《小白兔和小灰兔》时，课文的最后一段有这样一句话：小白兔说："是我自己种的，只有自己种，才有吃不完的菜。"我设问："小灰兔听了小白兔的话，以后会怎么想，怎样做呢？"又如，在教完《骄傲的孔雀》一文后，我提问："孔雀听了花喜鹊的话会怎样做呢？"之后让学生根据提问接着往下写。这样，学生通过对课文的学习理解，加上合理的想象，顺着范文的思路往下写，进行再创作。这样在培养学生发散性思维的同时，又培养了学生的想象力。

5. 画一画，把理解的内容表现出来

这也是新的语文课程标准中所强调的"语文学科要整合其他学科知识"的要求，注重提高学生的综合素质。在学习《欢庆》一课时，我让学生在自己阅读理解课文的基础上动手画一画，"在祖国妈妈生日那天的欢庆场面"，学生经过思考，画出了准确的答案。这一过程看似简单，实际上在画画的过程中，学生首先要调动自己的生活经验，理解诗歌中所描写的意思，然后，还要再进行抽象思维，将诗歌中所描写的场面画出来。这样的设计，既调动了学生的学习兴趣，促其积极主动地学习，又教给了学生独立学习的方法。在低年级阅读教学中，我们充分利用教学方法，激发学生的阅读兴趣，创设愉快的学习环境，把沉闷、呆板、被动的学习转变为生动、活泼、主动地发展，让学生变"要我学"为"我要学"。这样，学生就初步感受到了祖国语言文字的魅力，真正感受到语文本身就是一个丰富多彩、引人入胜的小世界。而这种对语言文字的热爱及独特的情感体验，也正是我们语文教育的终极目标。

（七）挖掘文本资源，有效进行思政教育

教育是立德树人的事业。中小学是青少年思想发展的关键阶段，是重要的"拔节孕穗"时期，必须进行有效引导和精心栽培。深入挖掘中小学课程中的思政元素，把思政工作有效融入教育教学环节，是教师义不容辞的神圣使命和努力实践的探索方向。

众所周知，教师通过语文课堂教学，将语言文字运用规律以最便捷的方式传授给每一位学生，使其成为表达交流、沟通交际的重要工具。同时，语文还具有明显的人文特征，学生通过优秀文学作品的熏陶洗礼，实现提升修养、健全人格的目标。客观地说，语文学科的工具性与人文性并非呈现出分立或对立的状态，而是以相互支持、互为表里的形式存在，具有高度的辩证统一性。

语文是带有明显意识形态属性的学科，教材中文本的选用十分讲究。语文课本中每一篇文章，均是文质兼美、字字珠玑的优秀典籍，不仅能让青少年获得精神上的愉悦，也可以起到净化心灵的作用。此外，语文学科有一个非常重要的特点，即重视晓理动情的教学过程，强调推人及己的教育方式。因此，与其他学科相比，语文学科在培养人、塑造人方面具有独特优势，在引领学生思想方向上，一直都发挥着不可替代的作用和影响。

作为一名教育工作者，回归育人初心毋庸置疑是第一位的。要切实增强课程思政意识，准确把握"三全育人"中心要求，把语文作为中小学思政工作的重要路径，用"语文小故事"讲好"人生大道理"。要以学生全面发展作为根本出发点，考虑学生的认知水平和个性特点，贴近心理需求，切中疑点困惑，以德服人、以爱育人，让教师成为学生生活中的好朋友、人生路上的好导师。要充分调动学生学习的积极性、主动性，提升课程体验效果，引导学生从知事、懂事到明是非、晓道义，再到坚定信念、筑牢信仰，让学生在润物无声中健康成长。

诚然，中小学阶段的教育要重视发展智力、习得知识、养成习惯，但为学生指引好人生发展的正确航向，保障其健康成长、成才也同等重要。从育人育心角度来说，要不断丰富和完善语文学科教学内容，不断渗透心理健康教育、生命安全教育等，将隐性教育与显性教育相结合，促进融会贯通、相互衔接。从发挥课堂主渠道角度来说，要用好语文课堂教学"主阵地"，优化课堂教学总体设计，创新教学方法手段，拓展教学时间、空间，不断彰显语文教学的温度、广度和深度，让学生在聆听与思考中接受思想的启迪、文化的熏陶，真正让语文课堂教学"动起来、活起来、强起来"，真正让语文课程思政具有"生命力"。

（八）巧妙设计板书，使教学过程审美化

板书是教学中所应用的一种主要的教学媒体，板书艺术则是教学艺术的有机组成部分。苏联著名教育家加里宁有一句话："教育事业不仅是科学事业，而且是艺术事业。"成功的教学是高度的科学性和精湛的艺术性的有机结合的结果。所以坚持教学原则，采用艺术手法，浇灌学生心田，努力使教学过程审美化，是我们教师的追求。现代教学媒体的大量涌现不仅没有使板书退出教学课堂的舞台，反而更加彰显出板书不可替代的特点与优势，也更加丰富了板书的显现形式。

要设计好板书，我们必须深挖教材。板书是学生掌握教材的前提、巩固知识的依据。因此，教师的板书设计，应在十分准确地掌握了教材基本观点的基础上进行。要力求向更深层次奋力挖掘，使认识达到更高的层次。设计应遵循教材的逻辑顺序，紧紧把握教学内容的重点和难点。一般说来，应抓住以下重点内容：

1. 能引导学生思路发展的内容，如必要的标题、问题的衔接和课文的核心点。

2. 能引导学生由形象思维向抽象思维过渡的内容。

3. 能引起学生产生联想、便于记忆的内容，如对课业结构的提炼等。

那么板书呈现的类型主要有哪些呢?

1. 词语式，是以文章重点词语为主而设计的一种板书。这种板书能促进学生更好地阅读课文，理解课文内容，有利于丰富学生的词汇，并使用方便，便于设计，因而使用也最为普遍。如《春》的板书，这样的板书能帮助学生理解春的特点，丰富了词汇，使学生懂得抓住事物的特点，进行有顺序的观察与描写。

2. 提纲式，是以反映文章写作提纲为主的一种板书形式，以事情的发展为序的文章常采用这种板书形式。这种板书能帮助学生总结，概括课文内容，指导学生写作构思，有利于选材和组织材料的训练，如《杜十娘怒沉百宝箱》板书。

3. 对比式，是以反映文章中两种事物或两种情况之间的对比关系为主的一种板书形式。它可以提取关键性的词语或主要内容，利用线条等进行对比板书，以反映课文的外部形式和内在联系。如《药》的板书，就是抓住小说的明线和暗线设计板书，对比鲜明，重点突出，使学生更容易理解和掌握。

总之，备课时应十分注意把握重点，采取恰当的方法解决难点，突出特点，在此基础上再设计板书的内容。做到语言准确，启发性强。教师板书的语言要确切、精当、言简意明、一目了然，给人以凝练之感，能起到画龙点睛、指点引路的作用。一堂课的板书，应是对该堂课讲述内容的浓缩，内容应完整系统，以便学生在课后利用板书的章、节、目、条、款，进行归纳小结，收到再现知识、加深理解、强化记忆的效果。

(九) 注重阅读积累，组织课堂语文活动

学习是一个不断实践积累的过程，学生要想取得良好的学习效果，就需要不断地付出努力。小学生还没有形成一定的学习能力与学习习惯，那么，教师就要注重培养学生的积累能力，让学生认识到积少成多、聚水成河的重要意义。教师可以通过组织一些语文活动，让学生感受积累的重要意义，如古诗朗诵会、讲故事比赛、童话化装表演会、小小读书讨论会及出墙报、展览读书笔记等形式，从而激发学生坚持不懈地阅读与积累的热情与积极性，增强语文活动的效果。在教学中，我会经常组织学生在课堂上开展语文活动，让学生在活动中收获知识。五年级时，为了检验学生必背古诗的学习成果，我曾经多次组织学生进行"诗词大赛"的游戏。我将学生分成四个小组，比赛分为两个回合进行。第一回合主要是根据古诗填出空缺的句子。如：孤帆远影碧空尽，＿＿＿＿＿＿＿＿＿＿；第二回合主要是学生根据教师的要求写出相应的句子，符合要求的古诗写得越多，得分就越高。如，写出描写月的诗句。学生就可以写"举头望明月，低头思故乡""三十功名尘与土，八千里路云和月"等，这样的考查形式，使得学生都会全身心地投入，从而让学生真正地意识到自己的不足，使其体会到"书到用时方恨少"，从而更有助于激励学生积极地进行课外阅读。作为低年级，我组织的语文活动会更多些，比如课前五分钟讲故事，开展专项讲故事比赛，根据推荐阅读的书目，有计划地分类开展活动。比如：读寓言就开展讲寓言故事比赛、读童话就举办讲童话故事比赛、读儿歌就举行儿歌朗诵比赛……在活动中不断激发学生阅读的兴趣，教给学生阅读的方法，总结学生读书的成果，交流读书的心得和经验。通过大量阅读，学生在阅读中逐渐学会阅读，知识增多了，眼界开阔了，词汇丰富了，有效地提高了学生的读写能力。

积淀教学素养，提升教学能力

——观"湖南省小语赛课"有感

2018年11月6—8日，在教研室曾植英主任的带领下，我们一行10人有幸来到长沙市育才小学观摩"湖南省小学语文青年教师教学比赛活动"。我们聆听了16位来自三湘四水的年轻教师的精彩的课堂教学，收获颇丰。置身于崭新的课堂，先进的教学理念、新颖的教学方法、形式多样的教学手段、变化多端的多媒体课件、亲切自然的教态、风趣幽默的教学风格，无不让人眼前一亮：对，这就是一场教学盛会！一个个年轻的身影，亮出来的却是大师手笔，他们气定神闲，信手拈来，厚重功底无不令人佩服！让我不得不重新给自己定位：学无止境，教无定法，戒骄戒躁，不断提升。下面，我想谈谈自己这几天的听课体会：

一、吃透教材，精心设计

当我们还在感叹湘教版的单元训练不突出，课文选择与单元作文不匹配，不能很好地起到范文的导向作用，年级训练把握不了知识点的训练时，统编教材已走进我们的视野，并且将全面铺开。本次听课活动，让我感受到统编教材的魅力，让我们对于语文教学，更加明确了该教什么，该怎么教，如何达到教学效果最优化，怎样给予孩子们健康持久的发展空间。

为此，在教学前，我们更应该钻研教材，把握课文特点，根据文本的特色去设计教案，使孩子们有正确的思维方式，提升学生质疑解疑的能力。16 位教师对教材是吃得比较准的，对教材的处理和把握有其独到之处。例如：彭莎莎老师所执教的《美丽的小兴安岭》一课，虽然篇幅较长，但是内容结构清晰。她由"岭"入题，梳理内容：一年四季小兴安岭有何特色，再抓住春夏秋冬不同树木的特点，让学生抓住关键词去品读美文，理解词意。尤其令人眼前一亮的是，用一张思维导图让学生解读文本，"环环相套，丝丝入扣，如行云流水，滴水不漏"，让学生快速把握了文章的主要内容。彭老师采用这种新颖严谨的教学方式不仅激发了学生兴趣，还培养了孩子们动手思考分析的能力，在无形中让学生掌握新的学习方法。

二、注重朗读，指导到位

听说读写是语文教学中的基本要素。在语文教学中，教师必须留给学生大量的朗读时间。在这次所听的 16 节课中，老师们都注重了对文本的解读，更注重了朗读训练，在读中悟，在悟中读，而且朗读的形式多样化，老师们都能将阅读贯穿始终。例如罗娟老师在上《大自然的声音》这课时，通过挖掘句子中的字词，体会朗读时轻重抑扬的区别，同时还穿插着齐读、分组读、示范读、对比读等诸多形式，激发学生朗读兴趣，让学生轻轻松松地读，让学生美美地读，让学生在读中感受到大自然声音的不同和美妙之处，学生在课堂上就能背诵课文。

三、教师语言，魅力无限

罗丹说："生活中不是缺少美，而是缺少发现美的眼睛。"生活中的美和艺术需要我们用心去发现，而教学语言更是一门艺术。在 16 堂课中，老师们的语言简洁优美，极具魅力。留给我印象最深的是毛笑老师执教的《荷花》一课，她娓娓道来，让学生在轻松愉悦中去感受荷花的美。尤其值得一提的是在重点理解"荷叶挨挨挤挤的，像一个个碧绿的大圆盘"中的"挨挨挤挤"一词时，她让学生一个又一个上台贴荷叶，在直观中感受荷叶一大片一大片紧紧地挨在一起，不留一丝儿空隙，让学生抓住荷叶绿、大、圆的特点，感受荷花长得茂密，进而掌握比喻的修辞手法，感受语言的优美。后来，她又抓住荷花开放的姿态，通过做动作、重读词语、换词感受等方法指导学生们去读去悟，感受荷花的姿态美。在整个教学中，毛老师的语言声情并茂，一次又一次唤起了学生的思绪，让学生陶醉其中。

四、教给方法，培养习惯

授之以鱼，不如授之以渔。16 位老师在授课时都注重学法的指导和迁移，为学生提供了解决问题的方法，提升了学生阅读的能力。例如黄丽娜老师《狐狸分奶酪》一课，光生字教学就穿插了分类、歌诀、猜谜、编儿歌、演中学等多种方式，巧妙地避免了学习生字的枯燥单调，让生字学习变得趣味横生。刘嘉欣老师执教的《灰雀》，让学生学习体会列宁关爱灰雀的语句，了解列宁爱鸟的独特方式。很多老师还注重对学生语文学习习惯的培养，一直强调"不动笔墨不读书"，提醒学生要学会质疑，要学会思考，要学会边读边画，认真做好批注，养成认真读书的好习惯。

当然，16 位老师的优秀课堂所传达出的意蕴远不止这几点，还有很多值得细细品味。榜样无时不在，我们需要更加努力，在今后的教学中，本着吃透教材，吃透学生，提升自身素质的原则，不断学习，博采众长，充分利用一切学习机会，学习百家重在顿悟，重在积淀教学素养，完善自己的教学方法。

"同课异构"研课体会

——第二次国培研修

9月29—30日，我有幸参加了国培送教下乡"同课异构"教学研讨活动，这次同课异构活动，共上了四节课，给我们提供了一个很好的学习平台。置身于课堂教学中，各位老师气定神闲，信手拈来，不时激起一个个教学的浪花，他们或浅唱低吟，或手舞足蹈，或激昂文字，不仅令学生陶醉、痴迷，更让我感慨万千，这样的功底岂是一日可为？正所谓教一遍有一遍的收获，听一遍有一遍的心得。现在，我想具体谈谈自己的体会。

一、拓宽视野，丰富了教育教学艺术

记得苏霍姆林斯基曾说："任何一个教师都不可能是一切优点的全面的体现者，每一位教师都有他的优点，有别人所不具备的长处，能够在精神生活的某一个领域里比别人更突出、更完善地表现自己。"教师之间的这种差异性资源，在活动中得到了充分展示。并在相互的听课过程中，其他教师的一些缄默的知识和情境性教育机制可以被相互分享。

二、智慧碰撞，构建了多重对话平台

长期以来，教师的教学都是孤立地、分别展开的。这次的教研和评课活动，形成了浓厚的研讨合作氛围，在分组讨论时，大家提出了各自不同的看法。在讨论中，我们的思想发生了碰撞，我们讨论得越深入，发现的问题也就越多，对问题的理解也就越透彻。

三、相互对比，引发教师对授课方法的思考

新课标中提出："学生的自读感悟是第一位的，教师的引导调控是第二位的。着眼于学生自主发展的阅读教学，应该是一个'先学后教、先读后导、先练后训、先放后扶'的过程。"肖红所执教的《蜜蜂》一文的教学过程，就是这种教学模式的一个充分展现吧。肖老师一上课就让学生边默读边想，这是一只怎样的蜜蜂？让孩子们在初读中谈对蜜蜂的感受，然后放手让孩子们抓关键句子、关键词语去体会。她授之以渔，进行群文阅读指导，提升了学生的阅读和理解能力。而李老师却没有把握独立阅读教学课型的要求教学，但她的多维评价让人耳目一新，激情教学引人入胜。

四、更新观念，优化、加深对教材的理解

首先是同课异构，对于听课者来说，就同一内容开课，更有可比性，对教材的理解也更加深刻。在教学反思的过程中，大家有着共同的话题，对问题的探讨也更加深入。通过同课异构活动，老师们可以具体探讨某一类教材的教学方法，相互学习不同的教学理念和教学风格；在互相的听课中，老师们可以参照别的老师的长处，更好地弥补自身的不足；在交流与研讨中，我们更新了新课程的教育理念，把这种理念落实到课堂教学中去，在听课和评课时，需要精确运用一些理论知识，提升评课的高度，只有用理论武装自己，才能站得高，看得远，才能体验他的深度。

这次国培计划"同课异构"活动，形成了浓郁的教研氛围，大家达到共同学习、共同研究探讨、共同提高的目的，最重要的

是从异构中领悟到许多有价值的东西。我认为建立在备课基础上的"同课异构",则是在集中大家智慧的基础上,形成大体的框架和思路,已经将集体智慧作为铺垫,这种"异构"体现的是教师的个人风格、个人高超的教学技能、个人独特的教学风采。这是一种更高层次的教学过程,这种"异构"必然会张扬教师的个性特长,让课堂更精彩,让教师在"异构"中感悟自我,让教师在"异构"中学习他人的长处,找到自己的差距。

"双减"政策下如何减量不减质分析

　　本学期，我负责四年级语文教学工作，在5月份的学生练习检测中，我们班学生的语文学习成绩为年级第一。我对学生的练习试卷进行分析，认为我们班的学生在"双减"政策下，其学习状态呈现出以下三个特点：

　　1. 少数学生学习注意力不够集中，影响学习效率。注意力是学生学习品质中重要的组成部分，是提高课堂教学质量的关键，也是"双减"政策下，完成教学减量不减质教育目标，学生最应该具备的学习品质。在课堂教学中，我发现有学生很难将注意力集中到整节课上，学习处于断断续续之中，这就导致课堂教学无法真正落在实处。

　　2. 有些学生在完成课堂作业时不够认真，影响巩固效率。"双减"政策要求减少学生过多的作业练习，这就要求学生认真对待每一次作业与每一道题目。从作业完成情况来看，作业字迹工整、格式规范、正确率高的作业本有一部分，而字迹马虎潦草、格式零乱的情况还是存在，这就影响了学习的巩固效率。

　　3. 学生思维品质培养不够，影响提升效率。思维能力是学生学好知识的关键，也是我们对课堂教学提出的深层次要求。"双减"政策要求减少学生过多的校外培训，这就对老师与课堂提出了新的要求。我们在课堂教学中，不仅要注重知识的讲解，更应该注重思维能力的培养。但从学生的课堂表现与作业情况来看，我发现学生不习惯于思考，对于有思维性的题目，往往无从下手，甚至不想思考。

针对以上三种现状，我主要从三方面做起，力求每学期有些进步，以促进学生综合能力的提高。

首先，培养学生良好的学习习惯，这些良好的学习习惯，包括专心听讲、注意力集中、认真思考问题、书写工整、互帮互学等等。在课堂教学中，如果发现学生注意力不集中，我就停下讲课的时间，用无声教学提醒学生注意力要集中。有时也让学生做些小游戏，如偶数举右手，奇数举左手等等，这些都有益于吸引学生的注意力。

其次，注重学生的作业质量。"双减"政策要求减少学生过多的作业练习，但并不是不让学生做作业，相反，我们更应该注重学生的作业质量。那么，怎样提高学生的作业质量呢？我想，应从两个方面做文章：一个是量的保证，一周需要做三四次课堂作业与四次家庭作业，在时间安排上，要善于找到属于自己的时间。例如：本学期上午一般都有两节课，我会在第二节课留十几钟让学生完成课堂作业，提倡下课前完成，这样，既减少了工作量，又提高了作业质量。另一个是质的保证。老师要针对学生的学习现状布置作业，达到查漏补缺与巩固提升的目的。例如：我会根据学生对知识的掌握情况，自己编写些题目，既巩固知识，又提升思维。

再次，注重对学生的思维能力的培养。思维能力的提升，是提升课堂教学质量的根本。学生思维能力提高了，学生有方法与策略了，学习就会越来越轻松。那么，怎样培养学生的思维能力呢？这就需要我们根据学情备好课，做到因材施教。

最后，"双减"政策下如何提升教学质量，这是需要我们深入探讨与研究的课题，最关键的就是每个人都要找到一条属于自己的教学之路。所谓教无定法，万变不离其宗，只要找到了一条属于自己的教学之路，那么，提高教学质量就不再是泛泛之谈。

浅谈如何培养学生独立思考能力

——结合五年级（30）班突出问题谈体会

　　一个现代人，首先必须具备独立精神和独立能力。独立，是现代人必备的素质，是健全人格的重要组成部分之一，是人能够立足于社会并发挥其潜力的基础。可是，在教学过程中，我们经常会遇到这样的问题，这个问题明明讲了许多次了，感觉学生上课也认真，但是，轮到学生做题时，照样做错，有时甚至错得不可思议。针对普遍存在的问题，我们不得不反思。究其原因，学生只听在耳朵里，而没有独立思考，没有内化成自己的东西；学生做题了，但没有真正意义上的思考。老师讲了难题，学生只养成了依赖性，却没有养成独立思考的习惯。如此一来，学生对知识的印象当然不深刻了。

　　爱因斯坦说过："学会独立思考和独立判断比获得知识更重要。不下决心培养思考习惯的人，将失去生活的最大乐趣。"与众不同、超凡脱俗的真正意义在于能够展示并表达独具特色的思想，成功者大多数有极具个性的思想，有独立思考与判断的能力。所以，教师应培养学生独立思考的习惯。教师如何培养学生的独立思考能力呢？一定要知道：独立思考绝不是瞎想、空想，不是无源之水，无本之木，它来自学生掌握的知识。

教师首先要教学生学会思考，引导学生自觉形成独立思考的习惯。在平时的教学过程中，讲课不宜过细，留给学生思考的余地，不要让学生养成依赖的心理。学生因独立思考问题的兴奋而累，而不是因为纯粹的记忆而累，便是教育的成功。因为信息时代的来临，意味着处理信息比记忆信息更重要。不是因为我们不需要记忆信息，而是因为我们只有十分有限的大脑"内存"空间。与其把有限的心智资源用来记忆互不相干的事实，不如充分发挥大脑的思维功能，连贯地思考问题。

在培养学生语文阅读能力的过程中，经常会出现这种情况：老师刚提出一个问题，便立刻让学生回答。于是，学生们七嘴八舌，或老师一厢情愿总结问题答案，或是老师干脆摆出自己的答案。这种教学，只能满足于给问题找答案，忽视了对学生独立思考能力的培养。独立思考是培养学生良好习惯的一个极为重要的方面，是发现问题、分析问题、解决问题的必备条件。它对学生主动获取知识、寻求自我提高阅读能力方面起着重要的作用。因此，教师在阅读教学中，一定要注意培养学生独立思考的能力。教师提出问题，学生独立思考，一次思考不出来，可以两次、三次……学生实在思考不出来，老师可以适当提示，抛砖引玉，循序渐进，予以引导，让学生真正思考起来。如此持之以恒地训练，学生的独立思考能力就会增强。同时，教师要鼓励学生独立思考，及时表扬独立思考较好的同学。学生独立思考的能力增强了，就能进一步提高学生的阅读能力。

其次，要启发学生独立思考，采取个案教学；采用讨论法进行教学；联系实际问题进行教学。老师要设计出适合学生实际的导学案，针对学生的问题进行讲解，采用多种方式，提出问题，引导启发学生讨论思考，培养学生多方面多角度思考问题的能

笔尖上的花朵

力。比如听人讲话要想一想，你认为他讲得对还是不对。对，为什么对？不对，错在哪里？怎样说才对？好还是不好？好在哪里？不好在哪里？你同意他的说法吗？为什么同意？不同意，又是为什么？经过一番思考，得出的结论就是你的见解，你独立思考后就能产生独立的见解。不仅是听人说话，对待周围的事物都要善于想一想，训练自己独立思考的能力。

最后，鼓励学生独立思考。让学生独立思考，就要允许有不同见解。对于学生的分析，不要一棍子打死，要鼓励学生敢想敢说，鼓励学生提出新问题，为学生的学习提供一个比较宽松的环境。"教师完全传授，学生被动接受"的传统语文教学模式下，教师具有绝对的权威性，课本是绝对的真理，很少有学生对教师或课本产生怀疑。这种模式造就的学生，就会逐渐养成依赖性的学习习惯。教师要让学生充分认识到自己的主体性和独立性，引导学生学会用自己的眼光去研究、发现文学作品中与众不同的地方，从而培养他们独立思考的学习习惯。

在语文教学中，一旦学生提出问题，就应给学生机会，让他们能从给定的情境或已解决的问题中提出新的问题，有利于发挥学生个人的创造力，要知道，学生自己提出的问题，比课本上的问题更能激发其进行创造的兴趣。因此，教师要有意引导学生去思索、去探讨，要诱导学生去寻找问题的答案，而不是简单地将答案告诉学生，要给学生更多的思索空间，培养学生独立思考、勇于质疑的习惯。在日常教学中，教师要注意转换角色，营造平等、和谐的课堂气氛，以合作伙伴的身份与学生探讨，让学生敢于发表自己的看法，鼓励学生不要随波逐流，帮助学生不断完善自我。

总之，要让学生学会学习，教师必须有正确的认识，必须采用正确的方法，并长期坚持。这样，才能在这方面取得不错的成就。

《文明礼仪永驻我心中》班会课点评

说到班队课，它既无专门的教材，又无现成的教案。一直以来，很多班主任都忽视它，甚至有时干脆把它上成学科练习课或说教课。其实，抓紧时间讲那几道题又能怎样呢？关键是要让学生发自内心地明白学习的重要性，并且从各方面养成良好的习惯。只有这样，才能达到事半功倍的效果。俗话说得好，"磨刀不误砍柴工"。只要学生的内心起了作用，只要学生的态度发生了变化，何愁学生学不好？何愁学生不健康快乐地成长呢？现在，我就城南中心小学张春梅老师执教的《文明礼仪永驻我心中》这节班会课，谈谈粗浅的看法，如有不妥之处，请多多包涵。

张老师组织的这堂班队活动课，以《文明礼仪永驻我心中》为主题，活动课的形式多样，主题非常明确，富有教育性。总体感觉四年级73班的学生活泼开朗，非常自信，那些有趣的表演让我印象特别深刻，我被同学们轻松愉快活动的氛围深深感染着，仿佛自己也变成了一个孩子，怀着一颗童心和同学们一起分享着活动的快乐！

一、结合实际，选题有针对性

我们知道，中国是"礼仪之邦"。但是，我们的孩子在讲文明、讲礼貌方面仍有所欠缺。讲脏话、讲痞话、打架骂架的现象仍然存在。因此，张老师在选题方面结合了学生的实际，关注了学生的成长情况，具有较强的针对性和教育性。这节课，结合我们上期进行的《三字经》诵读，用《三字经》诵读来导课，很有意义。

二、环节明确，活动有整体性

从活动环节的设计来看，这应该是一堂班级活动课。首先，张老师从两个小故事入手，引导学生讨论生活礼仪知识，通过看一看、找一找、比一比、考一考，最后在班主任讲话环节里，再次教育学生要把文明礼仪记在心中，做一个讲文明的小学生。整个过程完整，首尾呼应，很有整体性。其次，整个活动的内容涉及了家庭生活礼仪、校园活动礼仪和社会活动礼仪等多个方面，有对待父母兄长时要注意的文明礼仪常识教育和校园师生活动、生生活动常识教育。教育的内容也很有整体性。

三、内容丰富，活动有趣味性

儿童需要丰富多彩的生活，需要趣味浓厚的活动，否则就会失去兴趣，没有积极性。张老师的这节班级活动课，设计时注意了活动的趣味性，有直观的视频故事欣赏、漫画等，让整个活动产生极大的吸引力，学生自觉地参加活动，受到熏陶和教育。

四、全员参与，活动有自主性

"班级活动为学生的个性发展和完善、为个性特长的发挥搭建了平台。"让学生在活动中发现自己的潜能，学生的潜能是不可估量的。有了机会，他们的特长就能得到发挥。在班集体中的每个成员，都是一个既有共性又有个性的人，都有自己丰富的内心世界，都有良好个性发展的巨大潜力。张老师的活动中，学生全员参与，尤其是写自己不注重礼仪的地方，给每个学生机会，让他们在开展批评与自我批评，让他们在班级活动中充分发挥自主性，人人参与，很好地调动了学生的积极性和主动性。

同时，我还想给张老师提几个建议：（1）在观看故事《王香温席》后，应该让学生先讨论，再归纳成长箴言。这样，才能真正深入学生内心，达到教育的目的。（2）在开展批评与自我批评时，如果能够结合目前县里开展的"三创"活动，即：讲文明、讲秩序、讲卫生，让大家开展小手拉大手活动，相信教育的目的和效果会更明显。（3）在考试环节中，老师在讲到第三题时，不小心点出了第四题的答案，该班的学生非常机智，干脆跳过此题，直接做第五题。但是，在说每题的答案时，学生答得太快，有些反应慢的学生应该说题目都还没看完，注重读题，才能吸引全班学生的注意力。（4）利用歌曲结尾，应该说学生的兴趣浓厚，但是老师没有充分利用这一资源。要是让全班学生都跟着音乐唱起来，就能与音乐产生共鸣，就能掀起课堂高潮，这样效果可能会更好。

总而言之，班会活动要基于学生的成长需要，班会课的主题或者素材要从学生中来，在学生中解决；课堂上，教师要激发每一位学生的学习兴趣，要让每一位学生的生命在课堂上自由舒展。

爱如茉莉，幽香缕缕

【问题】

如何在语文教学中渗透人文思想？

【案例】

这个学期一开始，我在学校的安排下带了一个顶岗实习生——邓丽姣。作为师姐和一个已有20年教龄的教师，我把教学理念、教学方法毫无保留地传授给她。三个月的跟踪学习，学校要求各指导老师培植一堂课参加比赛。本周星期一如期举行了顶岗实习生教学比武，我所带的实习生获得了第一名。我坚信，在以后的教坛上又将升起一颗璀璨的教育新秀。

如今，就她所上的《淡淡的茉莉》的片段，谈谈如何在语文教学中渗透人文思想？

师：起初，老师也有像映子一样的疑惑，这能叫爱吗？当老师读了病房里的一幕幕时，却被深深地震撼了，那动人的画面永久地烙在了我的心里。就让我们一起来欣赏这幅感人的画面吧。

师：文中是用怎样的语言来描写这幅画面的？

生：找句子，然后一起来读读这段话。

师：片段中哪一个地方感动了你？

学生结合句子谈体会，师伺机点拨。

生：爸爸坐在床前的椅子上，一只手紧握着妈妈的手，头伏在床沿边睡着了。

师：爸爸为什么会睡着？

生：爸爸为了陪伴妈妈，非常辛苦。

生：爸爸出差，本身就很劳累了，再加上又陪了一夜，累得睡着了。

师：爸爸睡着了，为什么还要紧握着妈妈的手？

生：因为爸爸夜里睡得很沉，妈妈有事又不肯叫醒他，这样睡，只要妈妈一动，爸爸就惊醒了。

师：你从爸爸紧握的双手中感受到了什么？

生：爸爸对妈妈的爱。

师：你能把这种爱读出来吗？指生读。

（学生互评。强调"紧握"要读重音，体现爸爸对妈妈的爱）

师：谁再来读读？

师：好！你是他的同桌，你听得最清楚，你来评评，他读得怎样？

师：我们班上谁最内向，请你（同桌）推荐最内向的孩子读一读。

师走上去与生握手：来，老师跟你握握手，你感受到了我给你的鼓励吗？

师：读得还不错，只是稍微有点紧张而已，没事！

师：是啊，此时真爱就是爸爸紧握的手。

师：同学们，你们注意到妈妈的神态了吗？

师：从妈妈恬静的微笑你感受到了什么？

生：我感悟到了妈妈面对爸爸无微不至的关心和照顾，是那样的温暖和幸福！

师：此时，真爱就是——（妈妈恬静的微笑）。谁能把妈妈的这种幸福读出来？

师：是呀，我们无须再多说什么，一切尽在不言中。就让我们用"读"这个最朴素的方式来表达他们双方的爱意吧。（齐读）

师：作者被病房中的这一幕感动了，这一幕除了感动作者之外，还感动了什么呢？

生：还感动了阳光。

师：齐读句子，你从哪几个词看出来阳光也被感动了？

生：我从"悄悄地、轻轻柔柔地"看出来的。

师：你能把这种感动读出来吗？是啊，连阳光都不忍心打扰这温馨的一幕，人有情时，景也动情啊！此时真爱是什么？

生：真爱是那轻轻柔柔的阳光。

师：是呀，它就像茉莉的清香一样，弥漫在我们的身边……

师：此时此刻的映子还会有这种疑惑吗？她觉得真爱是什么？为什么真爱就像茉莉花呢？

师：是呀，真爱就如茉莉一般。我们终于和映子一样深切地体会到了——爱如茉莉，简简单单；爱如茉莉，平淡无奇；爱如茉莉，洁白纯净；爱如茉莉，幽香缕缕……

【反思】

《淡淡的茉莉》是一篇讲述真爱的课文，尤其是真爱与茉莉之间是怎样联系在一起的？这是一个理解的难点。我开始指导实习生这课时，偏重的是让学生理解和体会父母之间的爱情，可是，父母之间不仅仅只有爱情，还有亲情，所以还要求她引导孩子们体会父母之间的亲情。在上第一课时的时候，惊讶地发现：让孩子们自由读完全文之后，有孩子马上说这篇文章写的是夫妻之间的关爱，或者说是情侣之间的爱情。孩子们在学习第一课时的时候，就表现出了对淡淡的茉莉这样的爱的莫大的兴趣。于是，在上完第一课时之后，我就帮她对原有的教案进行了改动。我意识到学生平时接触写情侣或者夫妻之间的爱情的文章大多是童话、故事或者小说中那种刻骨铭心、浓浓烈烈、荡气回肠的爱情，却很少接触到生活中像茉莉这样平淡无奇、相濡以沫的爱情，我决定舍弃亲情的部分，要她用对比的方法带领孩子们一起来感受这种像茉莉一样平淡无奇的爱情。

在整个教学中，我指导她以"真爱是什么"作为线索，让学生从生活、从细节中去感悟真爱，比如说一个动作、一个神态，或者一句话。可是，试教的时候，因为老师没有及时地引导，学生的理解，总是在真爱是茉莉中打转，学生总不能从生活的细节中去感悟真爱。老师再次指导、再次点拨后，效果就出来了。在赛课中，学生的感悟还是比较到位的，能真正理解"真爱"就是茉莉的真正含义，突破了难点。

我们都知道：上课要给予学生一个个性发挥的空间。发展学生的个性，是体现人文精神的主要方面，利用时间与空间，在传授学习的间隙，留给学生个性发挥的空间尤为重要，在讲课结束后的小组总结，大组交流，在联系生活实际的纵横交错中表现……凡是能有利于学生展示个性的方面，在教学中教师要有目的地安排，有目的地训练展示，促使学生在课堂上表现自我、发展自我，让人文精神之花绽放在课堂的每个角落。

我深深地感到：人文思想这个话题在课程改革的今天有它鲜活的生命力，我们教师要在实践中为它注入新的内涵！

善于说，勤于思

——谈"口语交际"训练的必要和措施

古人云："舌为利客本，口是祸福门。""良言一句三冬暖，恶语伤人六月寒。"这几句话是说言语既能促进事业成功，生活如意；也能伤害别人，招来横祸，可见语言表达有多么的重要。

一个人能滔滔不绝、娓娓道来，是多么的赏心悦目。可是现实生活中，很多孩子不善于言辞，说话结结巴巴、索然无味。作为一个语文老师，培养学生的口头表达能力，是责任也是义务，这是势在必行，原因究竟何在呢？

一、听说读写，相辅相成，互相促进

我国现代著名教育家叶圣陶先生在《语文教育书简》中早就明确指出："语文学科'听''说''读''写'宜并重，诵习课本，练习作文，因为'读''写'之事，而苟忽于'听''说'，不注意训练，则读写之成效亦将减损。"这说明听、说、读、写这四种语文能力之间的辩证关系是相辅相成、互相促进的，应同等重视，全面训练，不应厚此薄彼。

由于古代语文教育的长期影响，过去一直存在重读写、轻听说的倾向，各类语文考试只注重书面表达能力的考查，而不检验口头表达能力水平，使学生口头表达能力的训练得不到应有的重视，普遍存在着年级越高的学生，越在课堂上表现沉闷，不愿发言，越怕当众发表见解的现象，这些直接影响着课堂教学质量和效果。作为一个语文老师有权力、有义务打破这万马齐喑的局面，让学生的听、说、读、写四种能力互相促进，共同提高。

二、社会的需要

语文表面上是语言，实质上是人们对生活的一种认知，其难度在于答案的不确定，我们面对的是一个越来越多元的社会，对于开放性、主观性问题的考查要求也越来越高。记得有一个报道：前几年人才市场招聘，人山人海，一张张青春的脸，一双双智慧的眼，这些刚走出高等学府的牛犊，都想尽快找到自己新的人生驿站。考官们更是目光敏锐，筷子里头挑旗杆。上海一家著名的公司前站着一位其貌不扬且有浓厚的乡土气息的男孩，但他却镇定自若，在回答考官们的一个个问题，最后一题是："假如你被录用了，你有何感想？"只见他沉思片刻，深情地说："首先，我感谢我的农民父母，他们给了我强健的身体、勤劳的习惯、吃苦的精神。其次感谢我的恩师，给了我知识，让我有了过硬的本领，且如虎添翼。最后感谢在座的各位领导，给了我施展才华的天地，创造业绩的条件。"他是那样的深情，那样的率真，又是那样的抑扬顿挫，没有人能抗拒他这语言的力量，结果他独占鳌头，被这家公司所录用。著名作家柳青有句名言："人生的道路虽然漫长，但紧要处常常只有几步。"雄辩的口才，就能让人稳稳当当地走好这几步，就像这位其貌不扬的农村青年。

三、训练目的和措施

语言既然有如此伟大的不可抗拒的力量，那么，如何去打破学生不愿说、不会说、不敢说的局面呢？如何训练他们"说"的能力呢？这就需要教师把培养和训练"说"的能力放到重要位置，使学生认识到具有良好的口才是生活交往的需要，将来工作的需要，而且应采取丰富多彩且行之有效的训练形式。

（一）要有的放矢，目的明确

1. 要求说话富有情感

语言情感来自言语者对生活的热爱，对人类社会、国家、群体和他人前途、命运的关注和关怀，对真、善、美的向往，对不幸和苦难的同情，对假、恶、丑的憎恶，做到"登山则情满于山，观海则意溢于海"。例如："你该去圆明园！你现在看到的地方，故宫也好，北海也好，颐和园也好……都是完整无缺，金碧辉煌的。只有圆明园，它被毁过，被烧过，现在剩下的是遗址！你站在遗址上，才能感觉出这个民族曾经受过的耻辱和灾难！一个像你这样的作家，来了北京不能不去圆明园，因为那里有诗，有散文，有壮烈感！"可见，情动于中，是语言具有情感的关键，而且有情感的语言往往能触动他人的情怀，所以，具有较好的表达效果和特殊的魅力。

2. 要求语言具有流畅性

即说话时做到"口若悬河""侃侃而终"，抑扬顿挫，让人听起来悦耳，不结结巴巴，不随便夹字，没有口头禅。还可让语言偶尔增添一些精警性，即精致而警策。正如陆机所言："立片言而居要，乃一篇之警策。"精警语像一道金光穿透人们的灵魂，像一句句箴言使人铭记在心。如：司马迁《李将军列传》中的"桃李不言，下自成蹊"一语就是被世世代代的人们感怀的精警之语。生活中我们的语言不可能句句闪光，字字珠玑，但应力求产生一两句具有精警性的"点睛"之语，使说话具有一定的震撼力和影响力。

3. 力求语言具有生动性

要求学生多观看演员的表演，去模仿演员的某些气质和本领，能够自如地运用语音、语调、语气来表达思想感情，能灵活地运用多种表达方式：描述性语言——绘声绘色，说明性语言——简洁朴实，还要学会演说家的雄辩性语言和相声艺术家的风趣、和谐的语言。要使自己的语言错落有致，生动活泼，有声有色，从而挥洒自如，游刃有余。

4. 要有自控性

说话要有自控能力，要掌握分寸，程度深浅，语量多少，声音高低，容量大小，语速快慢都要适当。在表达过程中自己边说，边听，边想，随时调整，说出朗朗上口的语言，让听者过耳难忘。

5. 要特别重视"副语言"的作用

表情、手势常常能起到有声语言起不到的作用。教师可以对学生适当进行表情的训练、常见手势语的指导，提高孩子们声情并茂地说的能力。

（二）抓住课前五分钟，提供学生说的天地

荀子说得好："不积跬步，无以至千里；不积小流，无以成江海。"说的能力的提高也是一个日积月累的过程，一定要有水滴石穿的精神，利用每节课前的五分钟讲故事、背诗文、演讲等。在此项活动前先介绍有关朗读的、讲演的知识，指导他们领会文义，分清抑扬顿挫，读出轻重缓急。"口咏其言，心惟其义。"要求声音洪亮，纠正一开口声音就在喉咙里打转转的毛病。同时，老师可对学生进行简单点评，也可指名学生点评，其至还可以直接由演讲者点生点评，或自评，以此增加趣味性。加上定期评比，及时鼓励和奖励，充分调动了学生的积极性。长此以往，能收到较好的效果，而且人人轮流上台，也就避免了只关照少数学生的发展，而是面向全体学生，做到全面提高，熔趣味性、思想性、知识性、科学性于一体。

（三）利用课文中的图片，提高说的能力

现在电化教学普及城乡，有许多的课件图片，是课文内容的浓缩和凝练。教师可先打出课件图片，然后要求学生不看课文，只看图片，讲述画面内容，要求有丰富的想象力。记得我在教吴伯箫的《董存瑞舍身炸暗堡》时，就运用了这种教学方法，我放出"炸暗堡"的图片后，给学生几分钟时间思考，然后喊学生对着灯片讲，张开想象的翅膀。结果，同学们个个开动脑筋，争先恐后地举手了。有一位叫邱钰欢的同学把画面描绘得生动形象，不仅讲出了课文内容，而且讲出了课文没写的内容。通过同学们的点评和谈感受："你体会到了什么？"不仅活跃了课堂气氛，而且提高了学生说的兴趣和能力。经过长期的训练，我所教的学生，有一大批"能说会道"之人。

除此之外，教师还可以通过辩论会、故事会、讨论会、朗诵会、口头作文和演讲比赛来提高学生"说"的能力。

总之，教师应循循善诱鼓励"说"，丰富多彩灵活"说"，循序渐进指导"说"，从开发学生的智力、培养学生的能力入手，给学生以钥匙，教学生以方法，使他们真正善于说，勤于思。

活用电教方法，培养学生口语交际能力

　　口语交际以培养交际能力为目的，对于提高学生实际运用语言的能力很有效果。口语交际属于言语交际范畴，是人们在日常生活、学习和工作中以语言为工具所进行的一种交流信息和思想感情的活动。口语交际教学则是指在教师的指导下，通过具体生动的交际情景，交际活动的设置和开展，培养学生交际能力及口语表达能力的一种课型。它是一种完全以学生的经验与生活为基础，以提高学生在生活中的语言交往能力为核心，同时提高学生科学、艺术、道德等方面素质的既具实践性，又表现为综合性的课程形态。在传统的语文教学中，我们曾十分注重学生口头表达能力的训练，但仅停留在"听话、说话"的层次上，忽略了语言的交际功能，弱化了口头语言表情达意、交流信息、相互沟通的工具性。随着信息时代的发展，口语交际已经成为现代社会最基本的技能之一。我们越来越深切地感到，在小学阶段，尤其是低年级，培养学生的口语交际能力已势在必行。

　　一、凭借语文教材，加强口语交际训练

　　凭借语文教材以加强低年级学生的口语交际训练，是行之有效的办法。小学语文教材中语言元素十分丰富，为我们对学生进行口语交际训练提供了较广泛的内容和多种形式，有完整句子的训练、有看图说话训练等。各册教材在阅读课文及基础训练题中，也都编排了人物对话交际的训练内容。因此，我认为教师在教学中，要尽量创造双向互动的环境，让学生积极主动地参与口语交际实践：

（一）看看，想想，说说

低年级编排的口语交际实践，配有图画。"图画是鼓励学生说话的一种强有力的兴奋剂。"图画可以激发学生的兴趣，体现该次口语交际的主题。引导学生认真观察图画，可以帮助他们了解图画中人与物、物与物之间的关系，也可借助图画，鼓励他们想象、创新。如教《我该怎么办》（第四册）一课，可先引导学生观察图画，注重画面的内容；再让学生想一想，图上画的是什么地方？有哪些人？他们分别在干什么？小男孩遇到了什么事？他该怎么办？由此启发学生注意画面上人与人之间的联系，然后让学生个人自述，同桌互述，小组互说，班上介绍，最后让学生自己想想，假如自己遇到类似的情况，该怎么办？鼓励他们大胆想象，敢于想象，敢于创新，并把想到的办法说给同学们听。

（二）记记，听听，说说

在口语交际课中进行听听说说的训练，有利于培养学生认真听别人说话的习惯，培养他们敏锐的反应能力和快捷的思维判断能力。如教《保护有益动物》（第四册）一课，可引导学生将关注点放到生活中，启迪他们回忆哪些小动物对人类有益，自己是怎样保护有益的小动物的，再在小组中进行讨论交流。当某个同学自述时，其他同学要认真听讲，还可提出问题。学生在互动和交流中，锻炼了口语交际能力，养成了良好的听说习惯。

二、创设交际情境，进行口语交际训练

布鲁纳说：学生最好的刺激乃是对学习材料的兴趣。学生只有对学习材料感兴趣了，才会有情感，情感又会触发语言动机，提高语言技巧，使学生有话可说，有话要说。新大纲在口语训练上提出这样的要求："要在课内外创设多种多样的交际情境，让每个学生无拘无束地进行口语交际。"这是口语交际训练的一条重要途径。教师要在具体情境的口语交际教学中，恰当、合理地活用电教方法培养学生的口语交际能力，通过创设情境，激发学生的兴趣。特别是低年级学生，他们年龄小、注意力易分散、形象思维占主要优势，创设多种多样的情境，激发他们口语交际的热情，让学生在轻松愉快的氛围中进行口语交际活动。

（一）实物创设情境

小学生智力发展尚处于低级阶段，他们观察事物往往比较粗略，正像克鲁普斯卡娅曾经说的："在大多数情况下，学生完全不会观察，可以这样认为，他们的眼睛不用来看，耳朵不用来听。教师的任务就是教他们学会看、听、感觉。"因此，在教低年级小学生说话时，要教会他们观察。直观形象的实物展示，能很快吸引学生的注意力，易于学生观察。如第二册语文课本中有"说说自己喜欢的小动物的样子"的要求，教师把一只真正活泼可爱的小白兔呈现于学生面前，学生个个眼前一亮，随着老师的相机点拨，纷纷举手发言，气氛非常热烈。

（二）语言描绘情境

教师用富有感染性的语言为学生创设情感画面，使他们积极主动地融入角色，找到情感共鸣点，并在言之有物、言之有序的基础上做到言之有情。

1. 配乐描述。如教《找春天》（第一册）一课，上课开始，播放歌曲《春天在哪里》，教师随着乐曲，用形象生动的语言进行描述，把学生引入流水潺潺、绿草如茵、花红柳绿、百鸟欢歌的春景中，激发学生对春天的喜爱之情和对口语交际的兴趣。

2. 讲述故事。如教《皮球掉进池塘了》（第二册）这课，教师可抓住儿童特别喜欢故事的特点，先形象地讲述《捞月亮》的故事，打动学生的心弦；然后相机导入新课，比一比谁能用最好、最妙的办法，把"捞皮球"这幅图画出来，从而提高学生的参与度。

（三）电教创设情境

电影、电视、广播、录音等媒体语言对学口语交际能力的影响不可忽视。要让学生从小学会理解、分析、判断这些媒体传播的信息，逐步培养学生陈述、说明、辩论的能力，培养人际和谐交流的习惯。教师可以利用多媒体创设情境，因为多媒体具有生动、形象、逼真的特点，使学生有身临其境的感觉。根据口语交际内容，为学生营造一个想象的空间，这不仅有利于学生捕捉说话的内容，还有利于他们现场发挥，使他们的表达更逼真、更生动。如在教学《我坐上了飞船》这课时，将夜空中的美景制作成课件在电脑中呈现，然后投放到屏幕上，文中的飞船、地球、高山、平原、岛屿、海洋、长江、黄河、长城等景物一目了然，学生身临其境，就能准确读出文中每一句话所写的景物。同时，教师要让学生想象，如果你坐上了飞船，在太空中会看到什么，学生闭眼，边听音乐边想象，让学生畅所欲言。

（四）学生表演，创设情境

"儿童是用形象、色彩、声音来思维的。"（苏霍姆林斯基语）对于那些内容有趣、情节生动、人物形象鲜明的儿童文学作品，如寓言故事、童话故事等，低年级学生往往表现出极大的兴趣。让学生充当故事中的主人公，创设故事情境，更能激发他们的创造力。在教第三册看图说话《小鸭子得救了》时，教师可以分别让学生戴头饰表演提着水桶的小熊、扛着竹竿的小猴、长鼻子的大象救助小鸭子。这样创设情境，步步引人入胜，紧紧抓住学生的好奇心，使学生如临其境，其观察、思维、想象和表达能力都能得到最充分的发展。

三、组织各种实践活动，强化口语交际训练

学生的口语交际能力真正得到培养，必须依赖于各种实践。因此，口语交际能力的培养要与各种实践活动结合起来进行。

（一）校园交往实践式，即学生在学校生活环境中，注重正确的师生交往。民主和谐的教学氛围是学生发挥主观能动性的前提。如教《应该帮助他们》（第四册）一课时，教师可以先布置学生留心平常的生活见闻、影视故事或新闻报道。交际课上，教师可以先引导学生议一议所熟知的人们是怎样帮助残疾人的，再联系两幅图的内容说，如果自己在路上遇到一位需要帮助的残疾人，该说些什么？做些什么？然后让学生有的扮"小女孩"或"小男孩"，有的扮"盲人姐姐"或"轮椅叔叔"，相助方和被助方畅所欲言。在同桌互述、小组演练的基础上，进行"助残"实践活动，通过师生或小学生上台表演"帮助残疾人"，使小学生在无拘无束的动态表演中提升口语交际能力。

（二）家庭交往实践式，即学生正确地与家庭成员进行人际交流。父母是孩子的第一任老师，家庭是一种不可替代的教育资源。教学中，我们应遵循"家校共育"的原则。生活中，也可让学生选择一位自己最信任的教师或同学，就自己的学习、生活和思想状况，分别同他们作一次深入的对话，争取从他们那里得到

中肯的意见和建议。然后，把两次谈话的经过、交谈的内容和对自己的触动详细地写进当天的日记。再把日记拿回家，征求父母亲的意见，就自己的发展方向或理想、追求同父亲或母亲商谈，达成比较一致的见解，以此达到强化口语交际训练的目的。

（三）社会交往实践式，即让学生真正参与社会实践，锻炼学生的口语交际能力。陶行知先生说："整个社会的活动都是我们的教育范围。"社会是实施"口语训练"的无边课堂。教师应该引导、组织学生在社会交往中，开展各种社会交往实践活动，包括：（1）考察活动，如组织参观、访问、调查等活动；（2）服务活动，如组织慰问、做好事等活动；（3）联欢活动。这些活动可使学生了解社会百态，可以拓宽学生视野，增长学生知识，使他们在每一次社会交往实践中都会产生新的启迪，从而促进语言的发展。

加强语文实践，自主探究学习

语文是一门基础性学科，是最重要的交际工具。语文教育应该立足于促进人的发展，立足于促进每个学生一生的发展。教师要教他们学会学习，有自觉更新知识的意识和能力，有终身学习的愿望和良好的学习习惯。可是，我们在以往的语文教学中，为了拼命追求升学率，却走入"重分析，轻感情""重书本，轻实践""重分数，轻能力"的困境中，学生成了学习的"机器人"。那么如何适应新大纲的要求，走出误区，走出困境，让学生动手实践，自主探究学习，使他们的学识和能力同时并进呢？我觉得可以从下面几方面加强语文实践活动。

一、重视朗读，受到情感熏陶

情感是文章的主旨。"披文入情"，充盈着丰富的情感生活，是语文教学的个性与灵魂。我们以往的教学却"重分析，轻感悟"，在理解课文内容时，用大量的时间和精力进行烦琐的课文内容分析，把一篇好的文章弄得支离破碎，学生也只能死记硬背。现在，我通过加强对学生默读、轻声读和感情朗读的训练，让学生在阅读中整体感知，在阅读中有所感悟，在阅读中培养语感，在阅读中受到情感的熏陶。我还会适机开展朗读比赛或分角色朗读（可戴头饰），充分调动学生学习的积极性，再加上创设了一种情感氛围，从而促进了学生对课文的理解。

二、加强讨论，民主抢答

教师的教学应该由"扶"，逐渐过渡到"放"。可是，我们平常却明知这个理，但在实际操作中却总是不敢放手，总牵着学生的鼻子走，对学生"灌输"过多，束缚过多，效果却不理想。其实，我们要充分相信学生，相信他们的潜力，把那些难点和重点、关键点，以及那些有争议的话题，进行精心的设计，让学生分组展开讨论，自主学习，自主解决问题，把思维的空间让给学生，讨论后再汇报情况。教师要及时地把反馈上来的问题加以分析。这样一来，教师就把主动权交给了学生，学生在讨论中各抒己见，既扩宽了他们的思维视野，又培养了认真听、仔细想的好习惯。汇报情况时，可进行民主抢答，既训练了学生的胆量，又加强了学生的竞争意识，还满足了学生的求知欲望，更充分地发挥了学生的主体作用。

三、创设情境，表演理解

语文教材的内容极其丰富。教师要善于挖掘课文中的一些有利因素，让学生积极参与实践，动动手、动动口，在实践中理解课文内容，在情境中体会思想感情。例如：我在教《小猴子下山》这一课时，通过动作表演，帮助学生理解"摘、拣、打、扔、拍"等动词的意思。再来看《难忘的泼水节》，这是一篇感情至深的文章，字里行间描绘了一种欢快、兴奋的场景，抒发了周恩来和傣族人民心连心的深厚感情。在学习第五自然段"泼水"时，我准备了一个白瓷碗，里面盛满了清清的水，一根柏树枝，让学生抓住周总理"一手……一手……"这组词来理解，使学生通过上台表演，抓住动作来体会周恩来宽广的胸怀，对傣族人民发自内心的关怀。通过对"一边……一边……"句式的理解，他们的开心写在脸上，周总理和傣族人民那心连心之情就深深地刻在了学生们的心里。有时结合课文，表演一些课本剧，既能帮助学生进一步理解课文内容，又能深化主题，创设情境，激发学生的表演欲，还能培养学生的表演能力。

四、强化"课外活动"实践，培养创新能力

语文的实践活动不能只局限于课内，应加强课外的联系、沟通与融合。课外活动丰富，才能满足学生的求知欲，让他们在自主活动中，培养各方面的能力，尤其是创新能力。

1. 结合教学大纲要求，结合单元训练点，适机带学生走出校园，走进社会，进行参观访问活动，扩大学生的知识视野，通过看、问等形式了解社会，参加社会实践活动。

2. 带学生走入大自然，接受大自然的洗礼。适机地组织学生春游、秋游、冬游等，到大自然中去"找春天，看春天""赏秋天，悟秋天""观冬天，思冬天"，领略花草树木的变化，鸡鸭鱼牛的特点，领略大自然的风采，让学生观察、想象、说话的能力随之提高，促进审美能力的提升。

3. 组建兴趣活动小组，丰富学生的课外生活。如办手抄报等，让学生根据所订阅的《小学生拼音报》《小学生学习报》等的版面设计，联系课上的知识，为手抄报命名，设计版面内容，合理划版，对内容进行仔细筛选，精心设计插图等等。如此一来，学生的综合运用能力都得到了提升，学生又有了施展才华的天地。

4. 加强课外阅读的指导与交流。21 世纪是个信息时代、竞争年代。只有加大阅读量，才能获得无限的知识；只有多读多看多交流，才能积累语言，逐步提高说话和写话的能力。

总之，语文教学离不开学生的实践活动。只有发挥学生的主观能动性，让学生在实践活动中自主学习，自行探索，获取成功体验，才能开发每个学生的学习潜能，使每个学生在各自的基础上，不断发展和提高。

小学语文教学设计中渗透思想教育的策略

德育是小学素质教育的首要任务，韩愈在《师说》一文中强调："师者，所以传道受业解惑也。"他把"传道"——向学生传授道理，进行思想品德教育放在教师诸项职责的首位，意在强调：育人之道，育德为首。众所周知，德育工作不仅是思想品德课的任务，而且还是所有学科都必须担当的责任。语文教学，肩负着学生语言运用能力的培养和学生健康成长的双重使命。那么，在小学语文课中如何渗透思想教育呢？

一、根据特点，渗透教学

小学语文课文是通过形象、生动的短小故事反映或描述身边的世界，让学生如临其境，感受世界之美，唾弃丑恶现象，让小学生在学习语文时，不仅学祖国的语言文字，而且在日常生活中潜移默化。如言志诗《石灰吟》："千锤万凿出深山，烈火焚烧若等闲。粉骨碎身浑不怕，要留清白在人间。"虽然没有讲一个人应该具有什么样的品德，但是借助石灰的生成和特性渗透了如何做人的教育。因此，小学语文教师只有正确认识小学语文教学中思想品德教育渗透性这一特点，才会在小学语文教学中自觉地渗透思想品德教育。

二、透过现象，揭露本质

小学语文课文选的都是直观事例，教学中，教师应该引导学生透过现象，捕捉事例的本子、文章的本质。本质乃文章的灵魂。如在《陶罐和铁罐》这一篇课文中，铁罐盛气凌人，而陶罐谦虚礼貌，但是，若干年后，陶罐依旧，铁罐荡然无存。这一现象，一方面反映了铁和陶的物理、化学本质，另一方面也揭示了人世间品德的本质：盛气凌人只能逞一时的匹夫之勇，只有谦虚礼貌才能万古千秋。这篇课文告诉学生做人一定要谦虚礼貌的道理。

三、因材施教，准确把握

小学语文教学的对象毕竟是少年儿童，在小学语文课进行思想品德教育时，应该考虑两个方面的事情：一是文本的具体材料，二是学生的年龄、心理特征。每篇课文的思想教育都有很大的弹性，不同年龄阶段的学生，由于知识水平的不同，理解程度也是不一样的。因此，在语文教学中，正确把握思想教育的"尺度"，对教学对象——学生这一参照物价值的理解尤为重要，在教学中就是要确定合适的"尺度"。如果教师在教学中超过这个"尺度"，学生就难以接受；反过来，如果教师的教学低于这个"尺度"，就不能实现思想教育目标。

四、全程渗透，不断提高

思想教育与课文教学不是孤立的，而是相互联系的统一体。这就要求教师在教学中，一方面要把思想品德教育渗透进语文课教学的各个环节中，如识字、阅读、作文等各种课型中；另一方面要把思想品德教育渗透进小学语文教学的整个过程，如课堂教学、课堂作文之中，结合具体教学内容，帮助学生确立初步的世界观、人生观、价值观，激发学生的民族自豪感，培养他们爱憎分明的正义感。

阅读教学是渗透思想品德教育的主渠道，教师必须挖掘教材中的教育因素，找准思想教育的切入点进行思想教育，培养学生良好的生活习惯、正确的人生态度，深化审美情感，以及对党、对人民、对祖国热爱的思想情感；强化学生的意志品格，让他们拥有克服困难的勇气、形成认真、刻苦学习的习惯，形成谦虚谨慎、孜孜不倦的品质。

总之，小学语文教学中的思想品德教育以语言文字的训练为依托，教师必须重视语言文字的教学。同时，思想教育又是语言文字的实质，语文教师必须把二者紧密结合起来。无论是脱离语言文字的思想教育，还是没有思想教育的语言文字教学，都不能被称为"真正的语文课"。

浅谈综合实践活动中学生合作精神的养成

综合实践活动是一门高度综合的课程，是新课改的一个亮点。它的目标是密切学生与生活的联系，加深学生对自然、社会和自我之间内在联系的整体认识与体验，提高学生的创新能力、实践能力，培养学生合作、分享、积极进取等良好的个性品质。

本文着重谈谈合作学习。什么是合作学习？它是指学生在小组或团队中为了完成共同的任务，有确定的互助性学习。它兼有以下几个方面的要求：合作动机、个人责任、沟通、评价以及任务完成。如何有效地在学习过程中体现学生合作学习，培养学生的合作精神呢？下面，我想具体地谈谈自己在实施综合实践活动课程中是如何培养学生的合作精神的。

一、让学生明确、承担责任

综合实践活动一般都以小组为单位来开展活动，就一个具体的活动而言，又往往由信息收集、资料查询、走访调查、总结提炼等一系列过程组成。能否很好地完成学习任务，取决于小组成员的分工合作与个人任务的完成质量。例如，在开展"环境污染"的活动中，在各小组组长的带领下，又分成若干小组，各司其职，开展调查、走访等活动，收集了丰富的资料，了解了污染的途径和污染的严重性，为保护环境、保护水源的教育和落实提供了充分的材料来源。

二、让学生相互支持、配合

就一个小组而言，学生存在着不同的差异，有的学生能力强，有的学生能力相对弱些。在合作完成某个学习任务时，特别需要培养学生相互支持和配合的团队协作精神，让每个学生在互助性的学习中建立足够的信心，永远处于学习的最佳状态。我班的邓丽琦同学，她学习基础差，性格内向，不善言辞，动手能力特别差。在每次的活动中，我特意要求该组成员对她多关心、多帮助，少嘲笑、少指责，并把能力较强的彭俊丹同学分在她那组，让她们互相配合。在调查"规范字使用情况"的活动中，我按区域划分，分成了六个小组，在邓丽琦这一组中，特意安排她做记录，彭俊丹做指导，调查她们所分区域的商店、旅店、理发店、饭馆等店铺使用规范字的现状。在汇报活动中，我让邓丽琦作代表发言，得到了全班同学的肯定，收获了同学们的热烈掌声。

三、让学生相互沟通、信任

苏霍姆林斯基说："人的心灵深处有一种根深蒂固的需求，总想感到自己是发现者、研究者、探索者。"在综合实践活动中，学生都有一个共性：都希望自主、独立地发现问题，用表达与交流的方式展现自己，因此，要及时地鼓励学生提出问题，大胆地发表自己的见解，通过与本组成员的交流，来展示自己独特而新颖的解决问题的思路。在活动中，一定要尊重和听取别人的意见，要相互信任，通过协商、探究、讨论来解决问题，最终顺利完成了任务。

四、让小组及时加工、修补

俗话说得好："三个臭皮匠，赛过诸葛亮。"其实，在小组合作学习中，个人的力量是有限的，活动中，由于阅历浅，知识面窄，学生采撷的信息可能出现偏差或者有些片面，所以在总结提炼中，必须让学生对自己熟悉的领域进行加工、修补和丰富，以取得活动最佳的效果。

五、加强组内评价和师评

组内评价指的是引导学生对自己在综合实践活动中合作学习的情况进行自我反思，它强调学生之间对彼此个性的表现进行评定、鉴赏。于是，在每项活动总结评价时，我们总要进行组内评价，评价小组完成任务的情况，评价组内个人完成任务的情况，总结成功的经验，寻找失败的原因。其实，这个评价过程又为全组成员提供了一次合作学习与提高的机会。在这个环节，教师的评价也是必不可少的。因为准确的评价往往是提高学生能力的必要手段。因此，对学生在参与小组及班级活动中的合作态度和行为表现进行评价，为他们的努力指定了方向，这样，他们就能朝着既定的目标前进。

家校共育促成长

各位家长：

　　下午好！首先，非常感谢你们在百忙之中抽空来校参加这次家校活动，欢迎你们一起来探讨您的孩子在教育、学习、生活中的问题。感谢大家对我们学校工作的支持。感谢你们对学生的关心和爱护。我知道，每一张灿烂可爱的笑脸都承载着各位家长的殷切希望和美好憧憬，如果没有你们这样的支持，孩子们不可能有这么大的进步。在座的有些家长，我们接触的机会比较多，可能对我和孩子们的了解也就多一些，但也有一些家长，可能因为工作的忙碌，我们的接触就比较少一些，相对来说，对我和孩子们的了解就少一些。今天，我们想通过这次家校活动，使每位学生在本学期都能取得或多或少的进步，使我们的孩子都能更加健康快乐地成长。

　　下面，作为语文教师，我将教育教学的一些做法，向各位家长作个简要的介绍。

　　1. 全面提高学生的语文素养。新课程标准提倡学生注重语言的积累，培养学生良好的写字习惯，养成自觉读书、喜欢读书的习惯，注重学生口语交际的能力，培养良好的听说态度和语言习

笔尖上的*花朵*

惯，以便学生更能适应现今的社会环境。长期以来，语文教学总是老师滔滔不绝地讲，学生认认真真地记，辛辛苦苦地练，以讲读为中心，讲深讲透，不留"盲点"。随着新课标的实施，教材的内容发生了很大变化，迫使我们改变教学观念和行为习惯。事实上，任何一篇课文都要讲清楚、讲透彻，不仅没有可能，而且没有必要。但是，语文课也要给学生创造思维的机会，抓住这一点，我们在教学中，尝试去改进，以学生为中心，促进学生德、智、体、美、劳等全面发展，主张学生自主合作、探究学习，不一味地老师灌输，让学生接受主张，研究性学习，从而为学生创造一个良好的学习环境。

2. 积极倡导新的学习方式。改变学习方式，就是要由过去的接受习得的学习传统变为自主、合作、探究式学习，改变学生消极被动的接受式学习状况，依据学生身心发展和语文学习的特点，依据学生的个体差异和不同的学习需求，把学习变成学生在教师的指导下，主动探索和积极构建知识的过程。

接下来，我就语文教学简单谈一下整个五年级的情况。学习方面：知识学习面更广，就以语文课为例，在四年级的时候，我们主要传授一些非常基础的知识，如拼音、生字、词语，只要孩子肯下功夫记，一般都能记住，但是现在可就有点不同了，除了以上的基础知识以外，作业本上有更多比较"活"的题，也就是我们通常所说的，这些题目是没有什么最标准的答案，可以一题多解，它不像学生字、拼音，该怎么读，就怎么读。所以这对学生提出了更高的要求，基础知识必须扎扎实实地掌握、还要拓展孩子的思维，从不同角度去考虑问题。学习方面的改变还表现在内容增加了，开始练习写作文，如果基础知识不扎实，写作就会很困难，因为写作文就必须具备有事实的语言，如果积累少了，写作文时就没话说，这就要辛苦我们各位家长，要陪伴孩子进入中年级，再顺利过渡到高年级。因此，有个别学生因为不想学，为了逃避写作业，在家长面前说："今天老师没布置作业。"或者说："在校已经做好了。"这要求我们家长检查一下，看是否已经完成，为什么有的孩子越来越想学，成绩越来越好，而有的孩子越来越差？除了孩子的主观原因以外，相应的还要我们家长多抽点时间看看孩子的作业，辅导一下他们的学习，让他们把成绩搞上去。在这里，我还要告诉大家，我们学校非常重视教学质量，我现在要强调的是家长必须重视家庭教育。

家长的善导是家庭教育的黄金，要掌握孩子的心理，抓好萌芽教育，才能使孩子逐步进入正道，教育孩子是我们教师的责任，也是家长们的责任。学生来到学校接受教育，提高和进步，是我们老师的愿望，也是家长们的愿望，在剩下的半个学期里，我希望家长朋友们多费点心思，配合我们做好以下几个方面的工作：

1. 多给孩子一点信心，做孩子成长的强有力的后盾。由于孩子的个体差异，学生免不了成绩有好有坏。孩子不肯学习，导致成绩差，我们应该给予适当的批评，但是，有的孩子学习已经很用力了，成绩却不怎么理想，我们更应该给他信心，而不是一味地给他泼冷水，这样，反而使孩子对学习产生反感情绪。面对成绩差的孩子，家长不应该放弃，应该想办法让孩子把学习搞上去。

2. 教育孩子遵守纪律。家有家法、校有校规，班级也有班级的纪律。常言道，没有规矩，就不成方圆。这些规定和纪律，是同学们提高成绩的保证，学生们只有好好地遵守这些纪律，才能形成一个良好的班级，才能全面提高自己的水平。加强纪律观念，做到文明守纪，就显得格外必要，要让孩子明白，一个懂得规矩，并且自觉遵守规矩的人，才能时刻按照规矩办事，才能使自己不断进步。假如哪个学生纪律方面做得不好，不仅仅对自己是一种伤害，对于那些刻苦学习、一心求学的孩子来说是一种伤害，对于我们的班级也是一种伤害，这是我们不愿意看到的，也是绝对不允许的。针对学生的情况，家长要及时和老师联系，及时和老师沟通。我们班级的学生比较多，老师和家长的联系不可能很频繁，请家长主动些。我觉得在教育孩子的问题上，首先要了解学生，要收到真正的效果，家长朋友们应多和老师联系，了解孩子在校的情况，做到及时教育。有个别的孩子，对于家长、老师两头瞒，自己落得逍遥自在，结果可想而知。假如我们提前做好了这部分学生的工作，我想至少会使他们更进步一些，这就需要我们进一步交流。请家长注意，要培养孩子各方面的能力及良好的品德，为了使每个孩子都可以成人成才，使每一个孩子都在班里生动、活泼、健康地发展，我们会尽最大努力与孩子们建立起民主、平等、和谐的师生关系。在课堂上，老师带领孩子们一起学习探究、质疑问题，让每个孩子的智慧火花都能在每节课上闪亮，希望在座的家长与老师一起努力，共同实现这个美好的理想。

希望家长能做到以下几点：

1. 支持全体老师的工作，提出宝贵的意见及建议。

2. 创造良好的育人环境，尽量抽时间与孩子们在一起，经常与孩子沟通，善于发现他们的长处，耐心地引导孩子正确看待自己的不足，帮助他们改正缺点。

3. 让孩子多读健康有益的课外书。

4. 要给孩子定规矩。放学后，学生必须做完作业。家长必须检查孩子的作业，签好名字，这对孩子来讲是一种督促，也是一种习惯的培养。因为玩是孩子的天性，如果家长只顾工作，不正确引导孩子，就容易使孩子迷上看电视、玩手机等，把什么事都忘在了脑后。如有的孩子，为了多玩一些时间，半个小时就完成了几天的作业。也有孩子先玩个痛快，等到第二天要上学了，一大早跑到学校匆匆做作业，应付检查。这样的作业的质量可想而知——不是字迹潦草，就是错处很多。因此，家长要经常关心孩子的学业，督促孩子按时保质完成作业。为了孩子们的健康成长，我们走到了一起；为了共同的理想，我们必须一起努力，致力于实现这个理想，从一点一滴做起。谢谢大家！

综合篇

Chapter 04

2007—2009 年培养指导青年教师计划

  根据学校师徒结对工作安排，经学校认定：由我担任曹学鹏老师的指导教师。为进一步提高其教学水平，促其成长更快，加大对曹老师的"传帮带"力度，加强对他的业务指导，使其适应当前教育教学改革的需要，根据本学科特点和曹老师的实际情况，特制订如下计划：

  一、备课方面

  每周与曹老师进行一次集体备课，在备课过程中，深入理解新课标，根据新课标的要求确立教学目标、重点、难点，并根据学生的实际情况和本校的教学实际确立切实可行的教育教学方法，在活动中来提高他驾驭课堂的能力。

  二、常规教学方面

  每周相互听一节课，课后进行交流，总结经验，找出不足，提高课堂教学能力。曹老师与我利用多媒体共同设计一节公开课，突出科研课题的主题，培养与挖掘学生的主体体验。

  三、教育科研方面

  1. 每两周进行一次校本研修学习，在网上和学校订的刊物上查找相关文章进行学习，抄写笔记，谈体会，写反思，交流感受，共同提高理论知识水平，能将理论应用到实际工作中去。

2. 指导他积极撰写教育教学论文，鼓励他踊跃参加我校举办的课堂教学大赛，争取获等级奖。

四、课外辅导方面

学生课外辅导是教师成长的摇篮，为发展我校的教育特色，让青年教师充分在活动中得以锻炼，我将指导曹老师，根据其自身的优势来辅导学生，与他一起完成各项教育辅导工作，参加校、县、市举办的各种活动，在活动过程中共同进步，共同提高。

总之，作为指导教师，我要做到率先垂范，认真负责，无私奉献，确保毫无保留地传授教学技能，立德树人，引领徒弟努力前行。最关键是通过相互启发，相互学习，相互切磋，达到共同提高的目的，使结对青年教师的教育教学水平再上一个新台阶。

2007 年 9 月

培育英才　薪火相传

——2008 年师徒结对工作总结

为了进一步提高青年教师的思想业务素质，造就一批"创造型"的教师。近年来，我校全面开展了青年教师培养活动，采取了师徒结对的形式，定任务、压担子，让刚走上小学讲台的青年教师锻炼成长，一年来，我担任师傅角色，与青年教师曹学鹏结为对子。作为师傅，我深感责任的重大，努力做到以身作则，时时处处做表率，让徒弟心服口服。现就师徒结对做如下总结：

1. 师德教育。我对曹老师坚持不间断、多方面、多渠道地加强师德规范教育，以《中小学教师职业道德规范》《中华人民共和国教育法》《中华人民共和国教师法》为依据，坚持理论与实践相结合，教育他树立正确的世界观、人生观、价值观，树立正确的教育教学观念、态度和远大理想，提高他整体的职业道德水平。

2. 师徒结对。青年教师在教学上应该说经验不足。如何在这方面给予指导，这就需要在他们走上讲台时有一个正确的引导——自然离不开好的导师。师徒结对无疑就能起到这样的作用，达到这样的目的。通过进行定期的师徒交流，互相了解，师傅每月听徒弟 2 节课，徒弟听师傅 1 节课。这样，青年教师就能在师傅手把手的指导下，迅速掌握教学技能，迅速成长起来。

3. 放手挑担。青年教师充满朝气，充满活力。经过师傅指导和自身努力，曹老师不仅在教育思想上成熟起来，而且在教学业务上也形成了自己的特点。在这个基础上，我跟学校提议，采用一对一、二夹一的方式，鼓励像曹老师这样的年轻教师独当一面，挑起六年级语文教学工作来，在工作中，坚持"信而用之，用之不疑"的原则，努力做他们坚强的后盾，及时交流和指导，让他们迅速成长。

4. 跟踪指导。青年教师具有一定的不稳定性，这不仅反映在待人接物上，也反映在教学工作中。我掌握青年教师这一特点后，除了加强思想教育外，在教学业务上采用跟踪指导的方法。一年里，我帮助曹老师分析了小学语文的教材，应该达到什么样的教学目标，以及每个单元每个板块如何教，采用什么样的教学方法与手段。有时，我们还同上一堂课，坦诚交流，在对比中分析、比较，选择科学的手段和方法进行教学，师徒都在共同成长、共同发展。如何把握教材的重点和难点、如何组织课堂教学、如何课后进行辅导、平时教学中遇到的问题如何进行探讨，这一连串的问题都迎刃而解了。我指导曹老师钻研教材，让他更多地进行网络学习。要知道，课备得好，才能上得好。我引导他在模仿、琢磨中提高自己的设计能力。现在，他已经能胜任小学语文的教学，课堂教学的组织、调控能力逐渐提高，所上的课也受到学生的喜爱。这学期，他在校办成功地上了一节公开课《自己种的花是给别人看的》，听课的老师反映他的课有思想、有智慧、有高度、有个性。他所教班级也在历次考试中取得了较好的成绩。全方位的跟进是非常必要的。在跟进中，坚持激励上进的原则，促进了青年教师不断完善自身的教学方法，不断提高驾驭教材和课堂教学、作业指导等技能。在跟进中，尽量挖掘青年教师的潜在能力，使他们在教学中发挥自己的长处，以形成自己的教学特色。

经过师徒的共同努力，曹老师在思想、业务等方面都有了很大的进步，获得了较好的成绩。他撰写的论文多次在省、市、县获得等级奖。我也要感谢这次师徒结对活动，让我也得到了全面的提高。我们也要继续努力，不断更新自己的教育观念，努力提升自己的理论修养，使自己的科研能力与科研水平提高一个层次。这样，就能进一步提高课堂教学的能力，并逐步形成自己的教学风格，为再带徒弟、培养学生作出新的贡献。

2008 年 6 月 22 日

自强　反思　成长

——2009 年培养指导青年教师工作总结

2007 年 9 月，按照学校的安排，我被指定为青年教师曹学鹏老师的指导教师。回顾自己从拜师学艺到授课带徒之路，感触颇多。自此，我的教学生涯中又多了一道亮丽的风景，我的肩头也多了一重责任。今年是第二个年头，按照要求，我重新调整了思路：坚定信念、实践反思、潜心探索、勇于创新。按照这一基本思路，加强了以下工作：

一、潜移默化，坚定信念

18 年艰苦奋斗的教学生涯，我体会到了甘，也备尝了苦，深知从事小学教育工作需要坚强的信念来支撑。授徒的第一件事，就是和他进行传统教育，宣传我校优秀教师不为名利所动、矢志献身教育的典型事迹。我们的老师既平凡，又伟大，没有轰轰烈烈的壮举，都是日积月累的凡人琐事，既亲切又可敬，让他于无声处地感受到教育的意义所在。我们聊得最多的是教师的价值，教师的存在感。昨天，学生以学校为荣，今天，老师以学生为骄傲。我送出去的学生一批又一批，一个个都成才了，在他们的进步里，我产生的自豪感，让他也意识到当一名教师，只要耐得住寂寞与清贫，干一行、爱一行、专一行，全身心地投入，就能在平凡的岗位上取得不平凡的成绩。

二、实践反思，筑牢基础

学然后知不足，教然后知困。结合自己的成长经历，我引领他做大目标这篇文章：要立足课堂教学实践，不断总结反思，带着实践中的困惑到理论中去求索，用教育教学理论指导教学实践。我对他提出了一系列具体的要求。备课前，要求他深入分析学生的基本情况，认真阅读各种有关的参考资料，从教案的设计到一次次试教，无数次地修改教案，再到总结反思教学过程。我让他在实践中发现每节课都是唯一的，都有许多值得研究改进的地方，体验到了教学有法，但无定法；引导他从四个方面写教学反思：本节课的成功关键所在；学生的学习状态；学生作业中体现的普遍错误；教学中的明显不足。经过一学年的努力，他的教学能力和水平日渐提高，对语文学科知识有较系统的把握，能胜任该学科的高年级教学工作。在此基础上，我引领他畅游教育教学理论的海洋。与名师对话，其乐无穷，与专家促膝，改变了教育理念，实现了新课程理念与教学实践的大融合。他终于步入专业发展之路，快乐并收获着。

三、潜心探索，发展自己

实践是一所学校，也是一位老师；研究是一种发现，也是一种提升。随着教育改革的不断深入，教育科研显得尤为重要。"青蓝工程"是一项艰巨而伟大的教育工程。我潜心探索教育规律，加强科学研究，与时俱进，将提升教育生命质量作为终身发展的主旋律。我把目标定位为：学习教育理论，在理性认识中丰富自己；投身教学研究，在把握规律中提升自己。我引导他善于学习，养成终身学习的习惯，并反复强调：注意研究学生。在主动学习中，能积极吸收和借鉴先进教育理念；在实践中，注重研究学生的身心特点、认知规律和心理需求，心中有学生，能站在学生的角度看问题，能找准学生的兴奋点，从而采取有效的教学方式，取得好的教学效果。我循循诱导他：一个好教师，在教学活动中不能是书本知识与学生之间的二传手，而是要把教学的全过程当作一个创造去研究，去走一条"学习—教学—科研"三结合之路。只有通过这条路，才能实现由"辛苦型""经验型"向"科研型""创造型""专家型"转变。我相信：有了这样的认识，即使课堂教学的个人特色还需要时间和经验的积累，他也一定会坚定地奔向目标。

四、不断创新，张扬个性

随着新课程改革的深入进行，我们师徒之间也在不断强化课程意识，让语文教学走向开放领域，开辟语文教学的新天地，变"教科书是学生的世界"为"世界是学生的教科书"。这也是新课程倡导的理念。我适时地调整了教育教学目标，把它定位为：整合各种教育资源，注重评价的多样化，关注学生的个性差异，创造性开展工作，形成适合自己个性的教学风格。课堂上，让学生开动各种感官，使思想丰富起来，思维活跃起来，生命运动起来，让学生真正成为学习的主人。教师也能从中品味生存的意义，获得内心的满足感和自我价值实现的幸福感。

在未来的岁月中，我将继续带着这份坚持，不断追求教育的理想境界，与青年教师一起携手成长。

2009 年 6 月

腹有诗书气自华，最是书香能致远

——2016 年读书活动月教师指导情况小结

"最是书香能致远，读书之乐乐无穷。""好书，像长者，谆谆教导；似导师，循循善诱；如朋友，心心相印。"积累语言，丰富知识，而且能陶冶情操，受益终身。为进一步激发学生读书热情，活跃校园文化，树立正气，营造良好的读书氛围，我校自2010 年以来一直坚持开展校园读书活动。我们精心设计积极可行的读书活动，让学生在活动中体验读书的乐趣；进一步提高了学生的思想觉悟和文化底蕴，营造清风缕缕满校园的书香氛围。高尔基说过："书是人类进步的阶梯。"九月，我校开展了"书香宜章，光荣与梦想——庆祝建党 95 周年暨红军长征胜利 80 周年"读书活动，让孩子们亲近书本，喜爱读书，学会读书，逐渐养成热爱书籍、博览群书的好习惯，同时让师生都坚定党的领导，继承革命传统，发扬革命者大无畏、不怕牺牲的精神，营造书香班级、书香校园，达到了活动的目的。现总结如下：

一、深入宣传，营造良好氛围

根据学校工作计划，政教处温主任在国旗下宣读读书月活动的具体方案。按照活动方案，我们迅速在学校开展了读书月的一系列活动。全校师生开展"红军精神"进校园的传统教育，好书大家看的自愿捐书活动，利用主题班会、制作格言精心布置教室的读书角，多渠道、深层次宣传读书、学习的重要意义，通过强势宣传营造班级文化氛围，提高学生的思想认识，为深入落实读书节方案的各项活动奠定了坚实的基础。

二、教师以身作则，带头读书

要想学生爱读书，我们的老师就必须先爱读书。因此，我带领年级的老师，利用这次活动掀起一股读书风气的潮流，每人至少读完一本教育专著，并写下自己的心得体会，为我们的学生树立了榜样。同时，利用一个中午时段，我与孩子们一起阅读，一起体验，一起感受，一起进步。

三、精心组织，开展各项活动

学校在读书节活动中，着眼于提高教育质量和促进学生的全面发展，以形成人人好读书、人人读好书的终身学习目标，开展了一系列丰富多彩、灵活多样的读书学习活动，收到了较好的效果。

（一）"红军英雄故事"进校园，开展"继承红军精神"活动

为响应号召，结合专项读书活动，布置家长组织学生在家观看开学第一课《接过红军的旗帜》，并写下了观后感；同时组织学生阅读《中共党史知识竞赛1000题》，积极参加网络答题活动；把红军英雄故事引进阅读课堂，让师生在共读中感悟英雄形象，让师生都坚定党的领导，继承革命传统，发扬革命者大无畏、不怕牺牲的精神；以唱响国歌，遵守《规则》和《守则》、志愿服务为突破口，着眼于全面提高学生的思想道德素质和文明礼仪素养，减少违规、违纪事件的发生。通过活动，班风、校风更醇正，学生的礼仪更文明，学生的书香气息更浓厚。

（二）建立班级图书角，创造了良好的读书氛围

班级图书角的建立模式是具备本校特色的图书流通模式，读书文化节的开展进一步促进班级流动图书馆的建设和发展。我积极组织学生开展"爱心献书活动"和"好书换着看"活动，发动学生捐书（所捐图书每学期更新一次，期末可领回），建立班级"好书交换站"；发动学生把自己和家中收藏的书籍拿到学校，充实班级图书角，收到了一人"贡献"几本书的效果。班上的图书角藏书可谓琳琅满目，涉猎广泛，有科普知识，有小说评书，有历史故事，有文学评论，有人物传记，有趣味幽默大全，以及报纸杂志等等，并汇编了班上读书月的书籍目录。

班级图书角的建立既创设了良好的读书氛围，又极大地丰富了学生的课余生活。学生自然地亲近书本，喜爱读书，逐渐养成热爱书籍、博览群书的好习惯。我让每一位学生写一份读书心得在班上交流，取得了良好的阅读效果。学生养成了好读书、读好书的良好习惯。

（三）开好班级读书主题班会，提高了爱书用书的思想认识

充分利用第三周的主题班会课，主持开展了古诗诵读（跟长征等有关的）、名言名句赏析等活动。班会课上，同学们畅所欲言、各抒己见、气氛活跃。他们谈到了开展活动以来阅读的收获，向大家推荐怎样选择好书，阅读好书的方法；怎样合理利用课余时间，有序读书；介绍了自己在家中怎样带动父母阅读的典型事迹。通过交流，同学们互取所长，学到了更多读书知识和方法，加深了爱书、用书的思想认识，也促进了同学们参加读书竞赛活动的自觉性。

（四）积极开展征文比赛，促进学生学习语文的热情

在指导学生大量阅读的基础上，认真组织了征文比赛：如《读书与文明》《读书伴我成长》《我与家长共读一本书》《接过红军的旗帜》等。同学们热情高涨，参与面广，文章质量高，很多同学获得不同级别的奖项，还涌现出一大批喜爱写作的小作家，极大地丰富了校园生活，提高了学生学习语文的热情。

四、活动效果

1. 学生初步培养了良好的阅读习惯、提升了修养。新教育实验的倡导者朱永新教授说："理想的德育应该重视让学生与书本为友，与大师对话，在人类优秀文化遗产中净化自己的灵魂，升华自己的人格。实施有效的道德教育，一定要建立'书香社会''书香学校'，让学生养成热爱读书的习惯。"一个人的阅读史，就是他的精神发育史。如果一个孩子热爱读书，那么他会从书本中得到心灵的慰藉，寻找生活的榜样，净化自己的心灵。通过读书节活动，每个学生都践行"读好书，净化心灵，启迪人生"；通过读书，学生能够反省自我、提升自我，成为一个有修养的人。"不待人教，自能读书""腹有诗书气自华""知书达理"，这些就是我们读书要达到的最终目的。

2. 促进了和谐校园文化建设，校风、学风进一步转变。通过开展读书月活动，班级学校的文化氛围更加浓厚。校园里，书声琅琅，歌声嘹亮。课堂纪律好转了，午间学生有事可做了，同学们能静心学习了，小主人意识增强了，日常行为习惯也规范了。

与书相伴的人生，一定有质量，有生机；书香飘溢的校园，一定有内涵，有发展。读书活动的开展，对每个学生的健康成长产生了深远的意义。今后，我们要进一步深入开展读书学习活

动，倡导读书明理、读书求知、读书成才的新风尚。与大师对话，与高尚为伍；与经典为友，与博览同行。让我们的学生在读书的过程中不断完善自己的人格，做一个有利于社会、国家和人类的人；让我们的学校在书香的浸润中不断提升，成为一处真正培养人才的沃土！

"读书月"活动的开展，将对每个学生的健康成长产生深远的意义。读书学习活动是一项长期、有效、文明、健康的教育工程。今后，要进一步深入开展读书活动，营造浓厚的读书氛围，培养良好的读书习惯，倡导读书明理、读书求知、读书成才的新风尚，在全班形成人人读书的良好风气。

附录 擅言会悟

Chapter 05

忠诚教育事业，用爱与智慧
点亮学生成长之路

——记宜章县第八完全小学副校长欧阳雪瑛

曾星富

"在我的世界里，孩子们就是那早晨八九点钟的太阳，朝气蓬勃……"

宜章县第八完全小学副校长欧阳雪瑛秉持"让每个学生都闪光"和"让爱洒向每个学生"的坚定信念，视孩子们为希望的朝阳，从不歧视任何一名所谓的"差生"。她以慈母般的关怀、朋友般的情谊，陪伴每一个孩子成长，在付出与收获中，与学生一同书写了温馨而励志的成长篇章。

师德高洁　春风化雨润桃李

从 1991 年踏入教育领域的那天起，欧阳雪瑛就以勤勉严谨、尽职尽责的态度，影响着每一位学生和同事。

"我记得刚参加工作的时候，面对繁重的教学任务和紧急的工作需求，我时常感到压力巨大。"欧阳雪瑛坦言，"但每当我想到那些渴望知识的孩子们，我就明白自己肩负的责任。"

欧阳雪瑛不仅是知识的传授者，更是学生们成长道路上的指引者。她始终强调文明礼仪、注重个人仪表，用自己的言行为学生树立了良好的榜样。

"欧阳老师教导我们要尊重他人，注重个人仪表，她说这是一个人内在品质的外在体现。"六年级84班的黄文曦同学回忆，有一次，她忘记整理好自己的校服，欧阳老师并没有责备，而是温和地告诉她，整洁的外表不仅是对他人的尊重，也是对自己的尊重。从那以后，她都养成了每天早上认真整理仪容的习惯。

对待同事，欧阳雪瑛更是亲如家人。不论年龄大小，只要有需要，她总是第一个伸出援手。"记得有一次，一位年轻老师在工作中遇到了困惑，欧阳老师不仅耐心指导，还分享了自己的教学经验。"一同工作多年的同事说。

在教育事业中，欧阳雪瑛始终坚守正确立场，把集体利益和学生前途放在首位。"我经常告诉自己，作为一名教师，不仅要教书，更要会育人。"她表示。

在家长们看来，欧阳老师公平公正对待每一位同学，无论成绩好坏，都能给予同等的关注和鼓励；她的严谨治学态度和高尚的人格魅力，让孩子们从小就明白做人做事的道理，也为他们树立了人生道路上的学习榜样。

如今，欧阳雪瑛的事迹已成为校园里的一段佳话，她用自己的实际行动诠释了"师德高洁，春风化雨润桃李"的崇高精神境界。

专业精湛　匠心独运铸师魂

在教育的海洋中，总有些老师如灯塔般闪耀。欧阳雪瑛，就是这样一位充满智慧与毅力的教师。面对当时55班的重重困境，她不仅没有退缩，反而勇敢地接受挑战，带领孩子们走向了成功的彼岸。

一提到55班，学校里不少人都会摇头。这个班的孩子基础差、成绩低、习惯不好，似乎被贴上了"差班"的标签。然而，欧阳雪瑛坚信每个孩子都有其独特的潜力和价值。她深知启蒙教育的重要性，并全身心投入到孩子们的成长中。

功夫不负有心人，通过一学期的努力，55班的成绩有了显著的提升。到了六年级毕业会考，他们班不仅摆脱了最后一名的帽子，而且还与其他班级齐头并进，取得了优异的成绩，为学校再次获得语文学科全县第一立下了汗马功劳。这背后，是她无数个日夜的付出与坚守。

但欧阳雪瑛明白，成绩并不是唯一的标准。"我会更关注孩子们的思想动态和兴趣培养。"欧阳老师说。在紧张的学习之余，她经常与孩子们交流谈心，成了他们的知心朋友。不同形式的家访、丰富多彩的活动，无一不体现出她对孩子们的真挚关爱。

那时，同事们问她，在毕业的关键时刻，为何还要花时间搞这些活动？欧阳雪瑛总是说，这些活动不仅没有影响孩子们的学习，反而激发了他们的学习兴趣，提高了他们学习的效率。

在模拟考试中，55班的孩子屡次获得佳绩；在那一年县五年级学生素养大赛中，他们也取得了不俗的成绩。家长们更是乐开了花，对欧阳老师充满了感激与敬意。

除了教育教学，欧阳雪瑛还积极参与教研活动。她主持和参与了多个课题研究，深入钻研语文教学方法。在结题中获得的一等奖、在教案征集中的获奖、在各类论文中的发表……这些荣誉背后，是她对教育事业的执着追求和无私奉献。

现在，欧阳雪瑛仍在与差生的蜕变之旅中不断前行。她用实际行动诠释着：每个孩子都有自己的花期，而老师就是那个耐心守护、静待花开的人。

培育英才　薪火相传谱新篇

自 2007 年起，欧阳雪瑛便致力于"青蓝工程"，投身于青年教师的培养工作，通过"结对子""一帮一"的教学活动，为青年教师提供了宝贵的指导和经验。

对于许多初入职场的年轻教师而言，欧阳雪瑛的悉心指导如同一盏明灯，照亮了他们前行的道路。她不仅在教学方法和技巧上给予指导，更在人格塑造和职业规划上给予了宝贵的建议。在她的帮助下，许多青年教师快速成长，逐渐在各自的岗位上崭露头角。

其中，曹学鹏老师在欧阳雪瑛的指导下，不仅在教学方面取得了显著进步，还迅速成长为政教工作的得力干将。他表示，是欧阳老师的鞭策和指导，让他在职业生涯中迈出了坚实的一步。如今，曹学鹏已担任宜章县芙蓉学校校长职务，继续为学校培养更多的优秀人才。

此外，欧阳雪瑛还积极带领其他年轻教师参与教学研讨和磨课活动。她深知"十年树木，百年树人"的道理，对于每一位年轻教师，她都倾注了极大的热情和耐心。肖红、肖丽华、欧长宁等老师在她的指导下，教学水平有了显著提升，不仅在各类比赛中屡获佳绩，还在日常教学中深受学生喜爱。

更值得一提的是，欧阳雪瑛老师对待实习生的态度。她总是如同姐姐般亲切地关心每一位实习生，从待人接物到教学方法，都给予他们细致的指导和建议。在她精心培养下，邓丽娇、曹金莎、李丽娟、蒋雨桐等实习生成长迅速，很快便在教育战线上崭露头角。

欧阳雪瑛用她的实际行动诠释了"培育英才"的真谛。她不仅在教学上精益求精，更是在培养新人方面不遗余力。正因为有了像她这样的导师，学校的教育事业才能薪火相传、蓬勃发展。

历经 32 载教学生涯，欧阳雪瑛始终坚守教育初心，忠诚于党和人民的教育事业。她以身作则、为人师表，用无私大爱耕耘在教育的热土上，谱写出一曲曲感人至深的教育赞歌。

(曾星富系《郴州日报》"今日郴州"客户端全媒体记者)

师者如光，向阳而行

邓丽姣

人生得遇良师，春风化雨，一生难忘。在我的人生里，有这样一位老师，她的谆谆教诲，深深影响着我的内心，她的言传身教，让我备受启迪，她的辛劳付出，守护着我的成长……她总是那样默默奉献、不求回报，令人心怀感恩。

"哈哈哈哈哈……"未见其人，先闻其声。爽朗的笑声，和蔼的神态，毫无领导架子，真是一位"太阳女神"。2011年，这位"太阳女神"用她夯实的语文素养，积极的生活态度照亮了我的实习生涯。尊敬的读者们，今天，我想分享一段珍贵的经历，那是一段关于我成长的故事，关于一位敬业、无私的教师——我的师傅的故事。

一、提灯引路，育梦成光

师者如光，微以致远，做有温度的引路人，对孩子有爱心、热心、童心、慈心，将闪耀着人性之光的真善美种子播撒在孩子们的心里。

因为热爱，所以遇见不期而至。自从我踏入教育领域，我的导师兼师傅就一直在我的身边，如同明灯照亮我前行的道路。她不仅在教学上给予我悉心的指导，更是在生活上对我无微不至。

她以身作则，用行动诠释了"教师"二字的真正含义。

每当我准备上课时，师傅都会仔细阅读我的教学设计，提出宝贵的意见。她总能一针见血地指出我在教学中可能存在的问题，帮助我完善教学方法和策略。要举行实习汇报课了，师傅放下她手头的事情一篇课文一篇课文地帮我分析，指导我选课，从下午放学一直陪着我到晚上十点才回家吃晚饭，青涩、犹豫的我才定下来上《淡淡的茉莉》。选定课之后，师傅更是手把手地带着我查阅资料、分析教材、设计教学流程。从课文的导入开始，每一句话的设计都要经过她严格把关，师傅更是每天下班之后，带我在办公室挑灯夜读，反复推敲。那天，师傅身体不适，发着烧，但是，为了不耽误进度她并没有表现出来，直到晚上讨论结束，看着她额头冒的冷汗和惨败的脸色，在我再三询问下，她才告诉我她发烧了。此刻的师傅，用自己的言行真正诠释了"春蚕到死丝方尽，蜡炬成灰泪始干"的师魂。我暗暗告诫自己：我一定不能辜负师傅，一定要上好这一堂课。"姜还是老的辣"，经过师傅的"妙手回春"，在教学设计一次次推翻、一次次重建之后，终于形成了我们都满意的教学设计。汇报课的前一天，我非常紧张，师傅把我接到她家带我演练。她当学生，我当老师，一遍遍地演示。从肢体语言到每一句的语气语调，一遍遍地调整、适应，在师傅的陪练下，我终于从容自信、游刃有余。在汇报课上，我不仅展现了自己的风采，还荣获第一名。

二、不啬微芒，造炬成阳

"路漫漫其修远兮，吾将上下而求索。"师傅不仅是一位优秀的教师，更是一位温暖的朋友。她告诉我，作为一名优秀教师，要有手揽星光的勇气，用爱照亮更多的人，也希望我在熙熙攘攘的世界里，不动声色地做更好的自己。

她总是倾听我的心声，给我鼓励，让我在面对困难时，更有信心和勇气。我刚调进县城，就赶上了"一师一优课，一课一名师"的活动，教学压力山大，让我喘不过气，师傅经常打电话，嘘寒问暖，并协助我联系、磨课，指导我修改教学设计，改进教学流程。她一句一句地引导我，帮我磨课，使我在教学的道路上越走越稳。好几次，我都快崩溃了，"太阳女神"用她积极乐观的心态一次一次地感染我、影响我、帮助我，豁然开朗，茅塞顿开，我在困惑和挫败面前才得以不屈不挠，继续前行。在同事和师傅的帮助下，我所上的课终于不负众望被评为"部优课"。

　　她总是在生活中给予我无微不至的关怀，教我要有爱心，有责任感，有担当。她告诉我，教育不仅仅是传授知识，更要塑造人格，培养品德。她教会我如何与学生沟通，如何理解他们的需求，如何关心他们的成长。她的教诲如春风化雨，深深烙印在我心中。她的言传身教让我明白了什么是真正的教育。她总是在我需要帮助的时候出现，给我力量和信心。她教我如何处理人际关系，如何面对生活中的挑战。她的智慧和经验让我受益匪浅，也让我更加敬重和感激她。

　　在与师傅的这场遇见中，她就是我的守望者，当我在逐梦路上向前奔跑的时候，她提灯引路带领着我向阳而行、共赴山海。灯火映入眼眸散出的辉光，是我，是她，更是桃李满天下。她让我始终坚信：路虽远，行则将至；事虽难，做则可成；梦虽遥，追则可达。

　　回首过去，我深深地感谢我的师傅。她不仅是我的教师，更是我的朋友和引路人。她的无私奉献和关爱让我明白了教育的真谛，也让我更加坚定地走在教育的道路上。

　　我想说，每一位教师都是一座灯塔，照亮学生前行的道路；

每一位教师都是一本书，教给学生知识和人生的道理；每一位教师都是一座港湾，不仅让学生"辟风、辟浪、辟水流"，而且给予学生温暖和力量。而我的导师兼师傅，就是这样的教师、书籍和港湾。

在未来的教育生涯中，我会继续向她学习，不断提高自己的教学水平，用心去关爱每一个学生，用智慧去引导他们成长。因为我知道，每一个学生都是一块璞玉，需要我们去雕琢和打磨，才能绽放出耀眼的光彩。

我想对师傅说：谢谢您一路以来的悉心指导和无私奉献，您是我人生中最宝贵的导师和伙伴。我会将您的教诲铭记在心，用实际行动去回报您的关爱和支持。愿您一生平安健康，幸福快乐！

（邓丽姣系宜章县思源学校教师）

因你而行，行稳致远

我与欧阳雪瑛老师的教育故事

肖　红

> 人的一生，无论是曲折坎坷，还是一路坦途，总会遇上生命中的贵人，这个贵人会指引你前行，搀扶你走稳，陪伴你走远！
>
> ——题记

迄今为止，我上班已跨 24 个年头，24 年间，辗转了三个地方。2000 年 7 月毕业后分配在五岭镇太平里小学，2011 年 9 月，考入宜章县教师进修学校附属小学（现在的县八完小），2021 年 2 月，调入宜章县教育局。从乡村到县城，从基层到行政管理部门，虽然一直在教育行业，但因工作地点改变，工作性质、工作要求、工作方式便是不一样了。我不断学习，不断改变，现在算不上游刃有余，却也能胜任多个岗位。一路走来，不敢说历尽坎坷，却也充满艰辛！幸运的是，在前行路上，身为师傅、挚友、姐姐的欧阳雪瑛老师一直在我身边指点我、鼓励我、帮助我，因为有她，我才能行稳致远！

一、前行，源于感动

初识欧阳姐姐于 2011 年 9 月，进校后，我担任班主任、少先队大队辅导员，欧阳姐姐任政教处主任，她和我都教语文，我们的工作便有了较多交集。初来乍到的我，对城区学校的班级管理模式不了解，也从没教过78人的大班级，班级管理工作做得一塌糊涂；在这之前，我从未接触过少先队工作，城区学校的少先队工作一直都搞得有声有色，到我手上，"无模无样"，我自己也被搞得焦头烂额。身心俱疲的我，自然也搞不好教育教学工作，成绩倒数几名；我还是那个态度不端正的老师，上新进教师汇报课，不做课件，不请教他人，更过分的是，在课堂上把听课老师赶出教室。其实，我想把事情做好，也在尽力做好每一件事，但由于能力、精力有限，结果是什么都做不好。一次次的失败，一次次的打击，加上漫天的风言风语，我被彻底击垮，崩溃到每天早上不想睁开眼，一步也不想迈进学校的大门……

我这种"人前笑，人后哭"的行为，终究没有瞒住关心我的欧阳姐姐。在我情绪低落至极的时候，欧阳姐姐找到我，和我推心置腹地交流，用她的故事安慰我、鼓励我、指引我。那段日子，只要有时间，她就以家访（我儿子在她班上）的名义来到我家，帮我厘清工作思路，教我工作方法，帮我答疑解惑。在她的帮助下，载着满腔感动，我不再颓废、不再沮丧，慢慢燃起斗志，立志要用自己的实力在附小站稳脚跟。第二个学期，我辞去少先队辅导员一职，全心全意扑在班级管理和教育教学中，在欧阳姐姐的帮助下，我逐渐适应新的教学环境，心态也变得平和，工作慢慢步入正轨，也愿意接受学校安排的其他工作。

2012年，为帮助新进教师，学校开展了师徒结对工作，我和欧阳姐姐变成师徒关系，她每周都会推门听我的课，根据课堂的具体情况耐心指导，讲解教育理论，传递教育思想，传授教学方法。在她的帮助下，我执教的《舍不得这棵树》一课得到与会老师们的高度认可，荣获校一等奖。那一刻，我流泪了，是喜悦的泪，是激动的泪，更是感动的泪！泪光中浮现的是磨课期间欧阳姐姐憔悴脸庞上灿烂的笑容，是她期待的眼神，耳边回响的是磨课期间欧阳姐姐的轻言细语……

这份感动根植在我心里，推动我前行！

二、悦行，源于鼓励

一次成功，加上欧阳姐姐一次次的帮助，一次次的鼓励，不再焦虑，不再颓废的我可谓是砥砺歌行！坚定前行的脚步后，我所有精力都投入到教育教学和班级管理中，我把欧阳姐姐倾囊相授的方法灵活运用到班级管理中。因为我的倾心付出，后来，学生喜欢我，家长支持我，教学成绩也稳步提升。看到我的成长，欧阳姐姐由衷为我感到高兴，她常对我说的话是："曾植英主任和李晨校长都说你是个很好的语文老师，你就是个很好的语文老师！我们都相信你，你更要相信自己，只要努力付出，肯定会有收获的！"这句鼓励的话铭刻在我脑海里，变成我前行路上的一束光，我追光前行，乐此不疲！

三、笃行，源于信任

那句鼓励的话，道出了她们对我的信任，她们相信我是优秀老师，我便把自己当作优秀老师。我用优秀老师的标准要求自己，时刻告诫自己要敬业，要勤学，要虚心，要苦研，要爱生，要用心……诸多的要，虽没有通宵达旦，却着实让我舍弃了休息和娱乐时间，无论是下班后的晚上，还是节假日，一般情况下，我都是在家啃书本。我会每天总结工作中的经验，会反思不足，我会利用双休日提前备好一周的课，会根据单元要点和类别整理知识点，会在家批改作业，会自己根据语文知识点的类别出题……她们的信任，驱使着我锚定目标，奋楫笃行。付出甘之如饴，收获归于欢喜！我们班学生的综合素质越来越高，综合能力越来越强，学生参加的多项活动获国家、省、市、县级荣誉及奖项。2014年，我们班的语文成绩在学校排第一，在全县也名列前茅，我自己当年也被评为市优秀教师、市优秀班主任。

这份信任，让我披荆斩棘，勇往直前！

四、远行，源于坚持

我在班级管理和教育教学中小有成就后，省市县送培活动与我有了不解之缘。

2018年4月，县教育局和进修学校组织了一次班主任专题培训，他们邀请我上一堂班队课，做一个班主任工作的专题讲座，收到任务后，我惶恐不安，不知所措。欧阳姐姐看到我有畏难情绪，便拉着我的手说："怎么，这么自信又不服输的人还会有害怕的时候？怕什么，别人能做的，相信你肯定会做得更好！"于是，她陪我一起选题、一起备课、磨课，帮我修改讲座稿，在她持之以恒的帮助、鼓励下，我拨开云雾见月明，教学思路越来越清晰，讲座要点越来越明晰，《节约用水》的班队课和《班主任要有心》的专题讲座收获了老师们的交口称赞。

2019年5月，省里送培到县，我与长沙市一位老师同课异构，我们选择习作教学《自由写》，我还是第一回与那么优秀的老师同上一节课，还要面对省市专家的点评，压力和挑战性可想而知。为了把课上好，我绞尽脑汁设计教案，用尽全力备课、磨课，一次、两次、三次……试教、修改教案，每当我因为修改教案思路不通、烦躁不安时，陪我一起修改教案的欧阳姐姐就会轻轻拍拍我的肩膀，柔声说："好课多磨，优课多改，少安毋躁，坚持下去，会柳暗花明又一村的！我会一直陪在你身边，和你同享荣光！"说罢，她继续埋头帮我修改教案，看着她时而奋笔疾书，时而托腮沉思的样子，我惭愧了，于是，沉下心来修改教案。我们各改各的，改好后交流意见，整合教案，每一稿教案成形，都要花很多精力，还随时存在试教后推翻重来的危险。即便如此，欧阳姐姐从未责怪过我半句，一直默默陪在我身边，和我一起讨论，一起修改，直至定稿。因为她的坚持，我也不敢懈怠，每次竭尽全力去做一件事后，总能带给我惊喜！

2021年2月，我调入教育局，工作内容与我做一线教师截然不同。办公室的工作多而杂，我要负责办文办会、文件的上传下达、资产管理、后勤管理、物品的采购与发放、接待工作、报账工作、创文创卫、志愿者服务工作、巡察整改工作、保密工作等，还要兼顾小学语文教研这一块的部分工作。很多工作要从头学，我是个急性子，做事有强迫症，总喜欢在当日完成所有的工作，偶尔忙得焦头烂额或是事情做不去的时候，我就会向欧阳姐姐发牢骚，她总会乐乐呵呵地打趣我："哎哟喂，这么能干、这么聪明的妹妹会有做不好的事？你到哪个岗位都可以发光咯！"听着这爽朗的笑声和鼓励的话语，工作的烦恼顷刻间便烟消云散了。

因为有你，我才行稳致远！姐姐，感谢你！挚友，感激你！师傅，感恩您！

（肖红系宜章县教育局办公室副主任）

杏坛莞尔，生生不息

欧阳珍珍

"上课！""老师好！""同学们好，请坐！"我像往常一样，拿起粉笔正准备在黑板上写下今天要讲的课文标题时，门口突然传来了一阵敲门声。我转头，一个中年妇女的身影映入我的眼帘，身后还跟着一个小小的单薄身影。我反应过来，这是今天要转来我们班的转校生，于是我放下手中的粉笔，迎了出去。那是一个留着很短头发的"假小子"，小手指紧紧抓住自己的书包带子，眼里满是胆怯。我愣了一下，跟小学的自己真像啊，看着这莫名熟悉的场景，我的思绪回到了小学五年级刚转入进修学校附属小学的那一天……

我是个农村孩子，一直在村小读书。开学前夕，妈妈突然说要送我去县城读书了，于是，我怀着期盼又忐忑的心情，背着小书包，来到了宜章县进修学校附属小学五（23）班的教室门口。第一次来到陌生的环境，我像只受惊的小鹿，用警惕的双眼打量着周围的一切，猝不及防对上了讲台上一双锐利但满含笑意的眼睛，瞬间，我的不安好像消失殆尽了。这就是我跟班主任欧阳雪瑛老师的第一次见面，那张如微风拂面般温暖的脸就这样深深印在了我的脑海里，帮助我渡过了此后的很多道难关。

刚来到新班级的我，马上经历了一次沉重的打击。在以前的学校，每次都能名列前茅的我，没想到在开学的入学考试里遭遇了滑铁卢，我一直引以为傲的语文只考了六十多分，勉强及格；数学更是惨不忍睹，只考了四十多。知道成绩的瞬间，一股巨大的落差感包围着我，于是趴在座位上独自难过，心里很不是滋味。欧阳老师似乎立马看出了我的失落，在下午的作业辅导中，一直跟我谈心。她耐心地安慰我，不用太在意一次失利，要善于总结、思考在这些经历当中我们学会了什么。过了那么多年，欧阳老师鼓励我的话语已经记不完全了，但是，她那双噙满笑意的眼睛和如沐春风的声音至今铭记在心。那次谈话之后，我收拾好自己的心情，以一个崭新的面貌走进新学校的生活，全身心地投入到学习中去。此后，欧阳老师送给我很多语文方面的学习资料，让我更加觉得一定要努力学，绝不能辜负她的一番苦心。皇天不负苦心人，在那个学期的期末考试中，我的语文竟然考了全年级第一名！欧阳老师似乎比我还要激动，就好像是她自己的小孩考了年级第一一样，逢人就夸我，那双本就充满笑意的眼睛更加光彩明亮了。

　　我知道，这并不是我一个人努力的结果，这背后还包含着欧阳老师多少个夜晚在灯下对我的辅导，这个成绩终于对得起她对我的辛勤教导了！小学毕业时，我如愿考上了县城的初中，这一切都多亏了欧阳老师，没有她，真的不会有现在的我。我是如此感激欧阳老师，以至于当我得知大学毕业前的实习学校就是我的小学母校，而且是欧阳老师尽力为我申请争取到的时候，一股热流涌上心头，瞬间眼眶润湿。

　　时隔多年，再次步入既熟悉又陌生的校园，过往如电影画面般在脑海中一幕幕放映，心中感慨万千。不知何时，条条皱纹已经悄悄爬上了欧阳老师的眼角，粉笔也渐渐染白了她的头发，但却能一眼望见她眼中和嘴角那盈盈的笑意，似乎从未改变。

没想到能与昔日的恩师成为同事，我又惊又喜，暗暗下定决心：一定不能给欧阳老师丢脸！碰巧，欧阳老师又为我争取到了2020年"国培计划"中"送教下乡"展示课的名额，听说还是头一次由实习生来代表学校进行展示，对于欧阳老师的感激之情更加溢于言表了，同时感觉肩上的担子也重了许多。我像打了鸡血似的立马把教案设计出来，由于欧阳老师比较忙，她拜托另一位老师当我的师傅，帮助我磨课，慢慢完善。前两次试教，因为上课的班级纪律较好，所以进行得比较顺利，只是效果不甚满意。第三次试教的班级学生行为习惯不是很好，课堂比较混乱，再加上一年级学生的课堂组织纪律和管理对于我这个新手来说，是个巨大的挑战。由于把握不到位，那节课的流程都无法顺利进行下去，效果当真算得上是"惨烈至极"。"屋漏偏逢连夜雨"，刚好欧阳老师有空来听我的课，没想到是这样的状况。走出教室门的一刹那，我的眼泪倾泻而出，觉得特别对不起欧阳老师一直以来的悉心教导，辜负了她对我的期望。

欧阳老师并没有批评我，她轻声细语地询问我怎么了，脸上也依旧是温暖的笑容，一直在旁边安慰我，帮我分析存在的问题，教我应对的方法。之后，还找了学校语文教研组长，每天下午放学后一起听我的无生试讲，在教学设计、教学仪态、课堂组织与生成等方面对我进行指导，帮助我更好地完善教育教学环节。都说磨课是新教师教学水平提升最快的途径，那辛苦，真能磨掉人的一层皮，这一点，我是深有体会的。在学校的大力支持和多位恩师的倾心指导下，我宛若凤凰涅槃，浴火重生，完成了教学上的脱胎换骨，在"送教下乡"活动中获得了师生们的一致好评。值得一提的是，在期末的"青蓝工程"实习汇报课上荣获了"一等奖"哩。

"新枝高于旧竹枝，全凭老干为扶持"，我能获得这些荣誉，真的离不开所有帮助过我的恩师，特别是欧阳老师，她给予我的不仅是教学经验，而且还是人生路上的指路明灯。或许就是从那时起，想要成为一个像欧阳老师那样温暖、能给予人无限力量的教师这颗种子就悄悄生根发芽了……

一阵清风拂过我的脸庞，我眨了眨眼，把我的思绪从记忆中拉了回来。我看着面前的"假小子"，嘴角渐渐向上勾起，露出一脸明媚的笑容，我伸手摸了摸她的头，一如当年的欧阳老师……

（欧阳珍珍系宜章第十一中学教师）

祖国永驻我心

——"我爱我的祖国"读书演讲比赛稿

进修学校附属小学六（1）班　李　青（县一等奖）

当我牙牙学语的时候，爸爸妈妈告诉我，我是一个中国人，是中华儿女，龙的传人；当我懂事的时候，爷爷告诉我，我们的祖国是一个拥有约960万平方公里的大国；当我上小学时，老师教我画鲜艳的国旗……不知不觉中，祖国——"中华人民共和国"这七个金光闪闪的大字，在我心中烙下了永恒的印记。

随着年龄的增长，我对祖国了解得更多了。我们的祖国是一个拥有5000多年历史的文明古国，改革开放的今天，我们的祖国在中国共产党的领导下正焕发出蓬勃的生机。大江南北，长城内外，开发区星罗棋布，高楼大厦遍及城乡；高新科技捷报频传，卫星、运载火箭接连发射，在长天呼啸，在宇宙畅游；重点工程日新月异，节节胜利；"一国两制"的伟大构想使"东方明珠"——香港重回祖国母亲的怀抱，也恢复对澳门行使主权；人民的生活水平逐步地提高，市场不断地繁荣。我们的祖国正以稳健的步伐向前飞奔！

我国不仅在经济上有了巨大的飞跃，而且在各个领域都取得了卓越的成就。当我国南极考察人员凭着自己的科技力量，乘着

笔尖上的花朵

自己的万吨巨轮，登上南极大陆，建立起我们自己的长城站、中山站的时候，当我国运动员登上世界之巅——珠穆朗玛峰的时候，谁不为之高兴，谁不为之自豪。奥林匹克运动会的领奖台上，以前被称为"东亚病夫"的中国人，如今也有了属于自己的位置，尤其是北京奥运会的顺利举行，有多少人为之惊讶，有多少人为之赞叹，这充分显示了中国这头东方雄狮的威严！

党的十五大、九届人大、九届政协的胜利召开，为我们开辟了通往胜利彼岸的条条航道，她规划了我国跨世纪的宏伟蓝图，也为我们铺出了一幅绚丽的画卷！画吧！让我们挥动改革开放的彩笔，为祖国未来描绘出桃红柳绿的宏图。写吧！让我们用手中的笔，为民族的强盛抒发出更美好的秀丽华章！

作为跨世纪的新一代，我们深感肩上担子的沉重。我们唯有好好学习，掌握为人民服务的本领，为建设祖国而奋斗！我坚信，辉煌的前景，灿烂的未来，一定属于我们！因为，我们的心中有一个亲切的名字——中国。

2009 年 9 月 12 日

让光辉旗帜永远飘扬

进修学校附属小学五（1）班　余昊天（县一等奖）

尊敬的各位领导、评委、老师：

大家好！我今天演讲的题目是《让光辉旗帜永远飘扬》。

"都说您的信念不会变，都说您的旗帜不褪色，都说您的苦乐不曾忘，都说你的歌声永不落"，每当唱起《祝福祖国》这首歌时，我的心感到无比的激动与自豪，因为我有一个伟大而强盛的祖国。

当翻开《光辉的旗帜》那一刻，我仿佛翻开了中国当代的历史画卷。那些炮火连天的战斗场面，那些红旗漫卷的峥嵘岁月，那些可歌可泣的英雄人物，历历在目，不能忘却，我的思绪仿佛又回到了遥远而又熟悉的过去。

1921年，在嘉兴南湖的湖面上，飘荡着一只小船，一群仁人志士、热血青年，怀着同样的信仰聚集在灯光下，讨论着一个国家民族的前途和命运，从此，这面由红色旗面黄色锤子、镰刀构成的旗帜被中国共产党高高举起。它在风雨中飘扬，在炮火中尽展她血染的风采。在她的下面一批又一批的革命志士、热血青年，抛头颅、洒热血，前赴后继，舍生忘死。从南昌城头到井冈山上，从大渡河到雪山草地，从平型关大捷、百团大战到三大战役、百万雄师过大江，这面旗帜高高飘扬，这面旗帜让法西斯胆寒，这面旗帜让国民党反动派走向灭亡。当这面旗帜在天安门城楼高高升起时，这面光辉的旗帜领着一个苦难深重的民族翻身当家作主，走出了黑暗，走向了光明。

中华人民共和国成立后，在党的英明领导下，在光辉旗帜的引领下，全国人民满怀豪情，投入到轰轰烈烈的社会主义建设中。几十载辛勤建设，让中国发生了翻天覆地的变化。2003 年 10 月 15 日，神舟五号把杨利伟送入太空，2006 年 7 月 1 日，世界上最高的高原铁路——青藏铁路全线通车，全国人民挥动着五星红旗庆贺，我们欢呼，我们雀跃。2008 年的北京奥运会上，中国体育代表团取得了 51 枚金牌，鲜艳的五星红旗在雄壮的国歌声中一次又一次地升起，第一次名列奥运会金牌榜首，我们骄傲，我们自豪。

今天的中国，在各方面都取得了举世瞩目的成就，在党的领导下，全国人民一次又一次挺起脊梁，众志成城，战胜突如其来的自然灾难，哪里有危险，哪里就会有党员，有抢险突击队，就会有光辉的旗帜。他们用团结互助、舍生忘死的精神，谱写了一曲又一曲感人的大爱之歌，革命的旗帜在新时代里高高飘扬。

经历了血雨腥风的考验，还有什么能让旗帜倒下？经历了曲折道路的考验，还有什么能让旗帜倒下？光辉的旗帜呀，你已经在 14 亿中华儿女的心中高高飘扬！

我们是祖国的骄子，是新时代的宠儿，是风华正茂的新一代，因此，我们要珍惜今天的幸福生活，努力学习，发奋图强，从小争做五好小公民，长大做社会的栋梁，永远紧跟共产党，做党的接班人，继续高举光辉的旗帜，让光辉的旗帜永远飘扬！

学会感恩

进修学校附属小学五（49）班　文小旎（省三等奖）

敬爱的老师，亲爱的同学们：

上午好！我今天演讲的题目是《学会感恩》。

鲜花感恩着雨露，是因为雨露让它滋润；苍鹰感恩着长空，是因为长空让它自由地飞翔；高山感恩着大地，是因为大地让它高耸。古人说："滴水之恩，当涌泉相报。"感恩是一种生活态度，是一种高尚品德，更是一份责任。

作为孩子的我们，首先要感恩我们的父母，既要感谢他们的生育之恩，更要感谢他们的养育之恩。自从我们来到世界的那一刻起，父母就多了一份劳苦和艰辛，他们无微不至地照顾我们，为了我们不知道流了多少汗水，他们不辞辛劳地抚养我们成长，为我们创造了良好的生活和成长环境。他们是那么的辛苦，那么的努力，那么的无怨无悔！我们怎么能不努力学习，用优异的成绩去回报我们的父母呢？

作为学生的我们，还要感恩我们的学校。学校给了我们一个成长的大舞台，她为我们提供了一个优美的学习环境，提供了一个锻炼身体的好乐园，更为我们提供了一个畅游知识的海洋，我们在这里快乐地生活、快乐地学习、快乐地成长。学校就是我们的家。我们要爱她，爱护她的公共财产，爱护她的一草一木，爱护她的环境卫生，让我们从身边的小事做起，争做一个文明的学生，把我们的校园装扮得更加干净，更加美丽吧！

老师像我们的父母，我们要感恩老师。他们是我们的领路人，一步一步将我们从懵懂带入知识的殿堂，从幼稚走向成熟。我们的每一步成长都凝聚着老师的心血和汗水。同学像我们的兄弟姐妹，我们要感恩同学。因为我们是学习、生活里的伙伴，我们相互鼓励，相互帮助，共同战胜困难和挫折，共同品尝学习的成功与快乐。

我们是祖国的花朵，更要感谢我们的祖国。革命先烈抛头颅，洒热血，为我们建立起了一个繁荣富强的国家，让我们拥有了现在美好的生活。要感恩祖国，我们必须从小树立为中华崛起而读书的理想，认真学习，刻苦钻研，长大后为建设祖国的强盛奉献我们的力量！

让五好的花朵伴随着我们绽放

进修学校附属小学五（54）班　谷佳蔓（市二等奖）

敬爱的老师、亲爱的同学们：

大家好！我演讲的题目是《让五好的花朵伴随着我们绽放》。

当春风吹遍大江南北，吹遍全国每个角落的时候，做"五好小公民"的劲风也随之吹遍了每个校园，吹进了我们的心中。在这美丽的花季，在这书香弥漫、和睦温馨的校园中，年少的我们在这里尽情沐浴着阳光的温和，吮吸着春天的甘露。我们是时代的骄子，我们是祖国的未来，我们有自己的梦想。我们在不停地奋斗、拼搏。在这拼搏的历程中，我们享受着妈妈沉甸甸的母爱，聆听着爸爸的谆谆教诲，铭记着老师慈祥的目光，感受着同学们无私的关怀。在这美好的氛围中，我们该做些什么呢？毋庸置疑，我们要做一个合格的"五好小公民"。

同学们，做"五好小公民"并不是要干轰轰烈烈的大事，并不是要表现在豪言壮语上……我情不自禁地想起了那次的爱心活动。

那是一个贫困的家庭，小男孩的父母都离异了，只有小男孩的姑姑照顾着他，可是，小男孩面临着一个严峻的问题。他的腿上有病，必须马上到大医院去治疗，可是他姑姑家并没有这么多钱。当知道这个消息后，班长马上组织我们为这个小男孩献爱心。大家都毫不犹豫地把自己的零花钱全部捐给了小男孩。特别是我班秦山的爸爸听说此事后，二话没说拿出了200元让秦山带来交给了小男孩。我听了之后，连忙三步并作两步地跑回家，大汗淋漓都没有擦，一头扎进存钱罐。我数了又数，共43元5角3分。也全部把它投了进去。后来，小男孩的病治好了！

做"五好小公民"，就要从点点滴滴的小事做起。勿以恶小而为之，勿以善小而不为。滴水成大海，让我们一起从小事做起，从点点滴滴做起，在点点滴滴中绽放我们青春的风采。

就拿我们54班来说吧，曹婵同学学习认真踏实，关心同学，热爱集体，乐观开朗，是我们学习的榜样。吴婧芝同学热爱劳动，关心同学，在家里勤俭节约，是值得我学习的"小帮手"；欧阳卉同学，热爱班级，讲文明，懂礼貌，诚实守信，是我们学习的"小标兵"；刘海波同学在社区和公共场所爱护公物，讲究卫生、保护环境、遵守秩序，是一个名副其实的"小卫士"；赵雅雯同学，虽然父母不在身边，但胸怀开阔、心理健康、勤奋自立，是值得我们学习的"小主人"。

同学们，今天的我们是祖国的未来，我们一定要践行"五好小公民"的要求，努力按"五好小公民"的要求去做，让五好之花伴随着我们绽放，创造出属于我们自己的世界，我们祖国的大地上才会开遍道德之花。

读《神农尝百草》有感

进修附小四（88）班　欧阳润康

寒假，老师推荐我们阅读《中国古代神话》。我怀着好奇之心，打开《中国古代神话》这本书，认真地读起来。一个个故事，情节是那么感人，想象是那么丰富。尤其是《神农尝百草》这个故事，深深地吸引了我。

故事主要讲了古时候草药和百花长在一起的事情，哪些可以治病，哪些不可以治病，谁也分不清。百姓们靠打猎过日子，渐渐地，天上的飞禽、地下的走兽越来越少，人们经常饿肚子。谁要是生疮害病，无医无药，不死也要脱层皮呀！老百姓的病痛，神农都看在眼里，痛在心里。他带了几个臣民上山去尝草，他们经历了很多困难，臣民多次劝他回去，但他坚定地回答："不能回！百姓们饿了没吃的，病了没药医，我们不能回去。"不一会儿，他吃了一棵草，觉得天旋地转，连站都站不稳了，而且瘫坐在地上。臣民赶快过来扶他，可他已经说不出话了，他用手指了指前面的那棵灵芝，又用手指了指自己的嘴巴，臣民们把那颗灵芝放进他的嘴里。他慢慢好了起来，之后，他继续尝草。整整尝了七七四十九天，尝了三百六十五种花草，几次都中毒，差点失去生命呢，才有了老百姓现在吃的五谷，啃的《神农本草经》。

神农真能持之以恒，有超强的行动力和惊人的毅力啊。有一句话叫"有志者事竟成"，用来形容他是最合适不过的了。他真是我们学习的榜样啊！这个假期，我正好在学滑板，看了这个故事后，决定要把滑板学会。我刚开始学的时候，还兴致勃勃的，才滑了一下，就失去了重心。我从滑板上摔了下来，磕破了膝盖。我连忙消了毒，贴了个创可贴，继续练习。我练习几遍之后，又摔了下来，这次，把一只胳膊也磕破了，我打算不练了，突然想起神农尝百草这个故事。神农中过那么多次毒，几次都差点失去生命，他都没有放弃，而我，只磕破了点皮，就不想再坚持了，真是太没毅力了！反思之后，我更认真地练了起来，不管摔多少跤，也一定要把它学会……功夫不负有心人，我终于学会了滑滑板。

　　通过这件事，我明白了"遇到困难不要退缩，一定要像神农一样勇往直前"的道理。

　　教师评语：文章结构严谨，条理清楚，主题鲜明。小作者对原文读得透彻，领悟深刻，能够抓住主题提炼文章主要内容，能够结合自己生活实际谈出自己的见解，继而明白了"有志者事竟成"的道理，启迪自己的人生。

读《袁隆平的故事》有感

进修学校附小四（88）班　谭泽凯

　　每个人都拥有属于自己的梦想，有的人梦想成为一名医生，能够救死扶伤；有的人梦想成为一名老师，为祖国培养更多有用的人才；有的人梦想成为一名飞行员，能够自由地翱翔在蔚蓝的天空……而袁隆平爷爷的梦想，是让水稻长得像高粱一样高，稻穗像扫把一样长，谷粒像花生米一样大，梦想着有一天能够实现"禾下乘凉梦"。

　　是呀，在《袁隆平的故事》这本书里，我读到了袁隆平爷爷的伟大梦想，也感受到他为了实现这个梦想而付出的努力。他锲而不舍，埋头苦干，辗转于研究所和试验田，反复研究，把自己的一生都奉献在研究杂交水稻上，经过他的不懈努力，他终于成功研制出了杂交水稻，造福了我们整个中国，甚至整个人类社会。是他让我们能够吃上饭，甚至吃饱饭。他先后获得了"杂交水稻之父""中国工程院院士""共和国勋章"等荣誉，他真是我们心中的大英雄。

　　在阅读的过程当中，我被袁爷爷这种不怕困难、迎难而上、刻苦钻研的高贵品质所感动，同时也从中明白了一个道理，作为青少年的我们应该拥有梦想，并为之付诸行动，努力奋斗，而不是整天幻想，做白日梦。如果没有梦想，我们的人生和咸鱼又有什么区别？人人都应该有梦想。我的梦想是成为一名宇航员，像杨利伟叔叔那样自由地翱翔于浩瀚的宇宙，漫步于神奇的太空，能够做我喜欢的科学试验。可是，通往梦想的这条路非常漫长，有时甚至让我觉得遥不可及。在追逐梦想的路上，我刚刚站在起跑线上，要不断努力，克服路上所遇的困难，为自己的梦想插上翅膀，添上绚丽的色彩，就要跟袁爷爷一样，迎难而上，默默地付出。

袁爷爷曾说过，人就像一颗种子，要做一粒好种子，身体、精神、情感都要健康，这样，我们的学习才能够根深叶茂，枝粗果硕。为了我的梦想，我一定要努力读书，锻炼好身体，不断为我的梦想奋力拼搏！

教师评语：小作者真不愧是一个爱阅读、善于阅读的孩子。他读文章非常认真，理解得十分深刻透彻，对文章内容，具有高度的概括能力。整篇文章打破小学生中年级常见的构段模式，采用夹叙夹议的方式。文章先用一个排比句开头，笔锋一转，开门见山点出袁隆平爷爷不一样的梦想，语言优美，颇有气势。全文结构简洁合理，小作者把读与感紧密联系起来，告诉我们：不但要树立理想，还要为理想而奋斗。语言准确生动，情感丰富真实，主题明确突出。

读《此生属于祖国》有感

进修学校附属小学四（88）班　邱钰欢

　　暑假，我手里捧着《此生属于祖国》这本厚厚的书，读了一遍又一遍，英雄的事迹，牢牢铭记于心；英雄的形象，时时呈现在我的眼前。他就是中国核潜艇工程总设计师，中国第一艘攻击型核潜艇和第一艘弹道导弹核潜艇研发者——黄旭华爷爷。

　　整本书主要讲的是黄旭华爷爷的一生，他出生于艰苦的抗日战争年代，在日本侵略者的轰炸下，他依然怀揣着梦想，从小就非常刻苦学习，受条件限制，他四处求学，最终在 1945 年抗日战争胜利后，考入了中国交通大学。他发誓要为祖国造出属于自己的大船。带着这个梦想，黄旭华舍小家，为大家，他隐姓埋名了30 年，一直呕心沥血，淡泊名利，将最宝贵的年华奉献给了导弹核潜艇的研发，终于为祖国研制出属于国家的第一艘核潜艇。

　　黄旭华爷爷的人生，无声却有着无穷的力量，这种力量让我情不自禁地向自己提问，现在的我要怎么做？未来的我又能为祖国做什么呢？我是否也有勇气去探索，去开拓那些有利于祖国进步和发展的未知领域呢？去攻克，去超越其他国家已有的现代化核心技术，我是否又能为祖国的事业义无反顾地坚持一辈子？

　　眼前的时代，各大国家在军事科技上你追我赶，从不停歇，感

笔尖上的*花朵*

恩祖国给我们幸福生活的同时，我们还要继承先辈们崇高的爱国情怀，把个人的成长融入国家进步之中，为我们国家不断筑起坚不可摧的防护层。对，我现在要做的就是要努力学习，积累知识，学好本领。要知道，少年智则国智，少年强则国强。祖国的未来，民族的希望，将落在我们这代少年肩上，我们要担负起建设祖国，振兴民族的重任，为早日实现伟大的中国梦而努力奋斗。

他呕心沥血、淡泊名利，隐姓埋名了 30 年，是我国第一代攻击型核潜艇和弹道核潜艇总设计师；他，是用生命写下"花甲痴翁、志探龙宫、惊涛骇浪、乐在其中"的老船长。

黄旭华爷爷的一生，就像深海中的核潜艇，"深潜"一辈子。无声，却有着无穷的力量。这种力量让我情不自禁地向自己发问：现在的我要怎么做？未来的我能为祖国做什么？我是否能像他那样做到舍身忘我、无私奉献？我是否也有勇气去探索去开拓那些有利于国家进步和发展的未知领域？去攻克去超越他国已有的现代化核心技术？我又是否能为祖国的事业义无反顾地坚持一辈子呢？

眼前的时代，各大国之间在军事科技上你追我赶、争先恐后，这种军事实力上的竞争从来不曾停止，就像平静的大海之下暗流涌动。在新时代成长的中华儿女感恩祖国强大的同时，我们每个人都要继承英雄前辈们崇高的家国情怀，把个人的成长融入国家进步之中去，把个人的奋斗融入国家发展之中去，为我们的国家不断筑起坚不可摧的层层防护，我们要去思考，并行动起来。

直到有一天，我们也可以骄傲地说，自己这一生没有虚度！此生属于祖国，我无怨无悔。

读《童年》有感

进修学校附属小学六（88）班　文　烨

　　"读书好，多读书，读好书。"听了冰心的这一段话，我便读起了《童年》。读了《童年》这本书后，我为主人翁阿廖沙一生的苦难、悲惨、坎坷的命运而感到悲伤，又被他独立谋生、受尽屈辱、饱含辛酸的生活而震撼。读完这一本书，我的心情久久不能平静下来，拿在手中的《童年》久久不能放下……

　　《童年》这本书，塑造了阿廖沙不屈从黑暗势力，追求光明，刻苦自学，探索真理的形象。阿廖沙三岁丧父，从小失去了父爱，被母亲带到了外祖父和外祖母家，外祖父凶残吝啬贪婪，常常毒打外祖母和孩子。由于土人染坏了一匹布，竟被打得昏死过去。他还暗地里放高利贷、怂恿帮工偷东西。外祖父的所作所为在阿廖沙的内心世界留下了深深的伤痕。两个舅舅为了争夺家产而争吵、打架、刁钻贪婪、自私自利的形象也深深地刻在了他的心中。他的童年，打上了悲惨、恐惧的烙印。好在他的外祖母慈祥善良，聪明能干，有宽大的胸怀。她关心着他，给他无限的爱。在这残酷无比的世界里，她给予了阿廖沙无穷的爱和力量，教导他要为人正直，善恶分明。

　　和阿廖沙相比，我们是幸福的，我们的童年是灿烂的、多彩

笔尖上的*花朵*

的。每天坐在宽敞明亮的教室里，听老师讲课；回家有美食等着品尝；想要什么就有什么；不会被人欺负，天天开开心心的……拥有了这样的生活，我们似乎还不知足，我们总是奢求更多。因为在我们眼里，大人们挣钱是那么的容易，似乎不费吹灰之力。我多天真啊！的确，我们不用像阿廖沙那样，十一岁就被迫离开家在"人间"独自闯荡。但读过《童年》之后，我们的心灵得到了震撼，不得不深刻反思：悔自己曾经的奢侈和浪费，悔自己曾身在福中不知福。是呀！有良好的学习环境，却没有真正认真学习过；明明有大鱼大肉，心里却想着山珍海味……我们应该学会节约，学会感恩，学会独立，应该像阿廖沙一样，不向黑暗低头，即使遭遇了生活挫折，也要努力面对黑暗，向胜利招手。

　　是的，阿廖沙的童年虽然是残酷无情的，但他告诫我们：不能向命运屈服，只要通过努力，就一定会改变一切。

后　记

　　我出生在宜章县瑶岗仙镇，毕业于湖南一师，在白石渡镇中心小学踏上讲坛 8 年后，于 1999 年 8 月选调进宜章县教师进修学校附属小学（现改名为宜章县第八完全小学），参与了附小的创建，见证了附小的成长和辉煌。一路走来，在教师岗位上坚守了三十三载，将青春和热血奉献给了所热爱的教育事业。回首过往，生命不息，笔耕不止。展望未来，我无愧于心，继续筑梦前行。《笔尖上的花朵》顺利出版，又为人生添上了精彩的一笔。

　　我的教师梦，源于父亲的影响和教诲。他是一位初中物理教师，兢兢业业一辈子，爱生如子，教学能力强，可谓是德高望重。他教过的很多学生得益于他的帮助和鼓励，每每回忆起来，都是感恩与不舍。我，也是他的弟子，他的一言一行，也指引着我，我毅然决然地选择了师范大学，立志做一个像父亲一样受人尊重的名师、经师、人师。我努力耕耘，不负众望，当然，也成就了父亲一生的骄傲。

　　"创更好的学校，做更好的校长，做最好的老师。"这是一种平和的心态，也是一种践行的情怀，更是我对理想、对信仰的追求。在管理工作中，我能率先垂范，立德树人，敢于创新，编印了《附小小学生必读》，实施了"星级学生评比制度"诸如此类敢为人先的举措。在班级管理工作中，本着"一切为了孩子，为了孩子的一切""让爱洒向每一个孩子"的原则，我不仅是他们的老师，更是他们的知心朋友。我能想他们所想，倾心交谈，以心换心，以活动为载体，丰富了他们的生活，陶冶了他们的情操，让他们沐浴在满满的"爱"中，在"快乐"中成长。家长们都说，能来到我们班是幸运的。在我的眼中，是永远没有"差生"的。公正公平地对待每一个孩子，一直是我恪守的格言。现在我虽已退岗，但仍然坚守在教育第一线，今年仍勇挑重担，执教六（88）班的语文，仍然在与"学困生"的蜕变之旅中不断地奋然前行。我用自己的实际行动诠释着：每个孩子都有自己的花期，而老师就是那个耐心守护、静待花开的人。

俗话说："十年树木，百年树人。"要是没有好老师，如何树人？我知道，作为一名老教师，仍然任重而道远，我努力钻研教材，经常上观摩课、党员示范课、名师展示课，不断探索新的教学模式，如低年级坡度练笔、小学实施快速作文的做法等，在提升学生的说话和习作能力方面都起到了一定的引领作用。从 2007 年起，我便致力于"青蓝工程"，投身于青年教师的培养工作，通过"结对子""一帮一"的教学活动，不仅对青年教师在教学方法和技巧上给予指导，更在人格塑造和职业规划上给予了宝贵的建议。在我的帮助下，许多青年教师快速成长，逐渐在各自的岗位上崭露头角。我积极参与带实习生的工作，在培养新人方面也努力做到不遗余力。一个个实习生在一年半载的"传帮带"中，迅速掌握教学的基本技能，努力提升自己的素养，一个个成了教坛新秀。

我深耕教坛三十三载，成功的背后离不开一群默默为我付出的人。借此机会，我要感谢陪伴我成长的领导、专家和朋友们！

更要感恩我的家人。他们的支持和理解，给了我无穷的力量，给了我坚定的信心。俗话说得好：行行出状元。我的爱人是一名省优秀司机，相濡以沫是我们一生的执着，女儿女婿懂事孝顺，事业有成，外孙女聪明伶俐。温馨幸福的家庭，是我不断成长的沃土，也成就了我的幸福人生！

2024 年 4 月